国家出版基金项目
NATIONAL PUBLICATION FOUNDATION

“十三五”国家重点出版物出版规划项目
中国反腐败国家立法研究丛书

国有企业反腐败立法研究

聂资鲁 著

湖南大学出版社
·长沙·

图书在版编目（CIP）数据

国有企业反腐败立法研究 / 聂资鲁著. -- 长沙：
湖南大学出版社，2023.11
（中国反腐败国家立法研究丛书）
ISBN 978-7-5667-2134-1

Ⅰ.①国… Ⅱ.①聂… Ⅲ.①国有企业—反腐倡廉—
立法—研究—中国 Ⅳ.①D922.110.4

中国版本图书馆 CIP 数据核字（2020）第 269105 号

国有企业反腐败立法研究
GUOYOU QIYE FANFUBAI LIFA YANJIU

著　　者： 聂资鲁
策划编辑： 谌鹏飞
责任编辑： 邹丽红
印　　装： 湖南天闻新华印务有限公司
开　　本： 710 mm×1000 mm　1/16　**印　　张：** 13.5　**字　　数：** 216 千字
版　　次： 2023 年 11 月第 1 版　**印　　次：** 2023 年 11 月第 1 次印刷
书　　号： ISBN 978-7-5667-2134-1
定　　价： 60.00 元

出 版 人： 李文邦
出版发行： 湖南大学出版社
社　　址： 湖南・长沙・岳麓山　**邮　　编：** 410082
电　　话： 0731-88822559（营销部），88821691（编辑室），88821006（出版部）
传　　真： 0731-88822264（总编室）
网　　址： http://press.hnu.edu.cn
电子邮箱： presschenpf@qq.com

总　序

党的十八大以来，以习近平同志为核心的党中央，从维护党和国家长治久安与回应民众期待要求出发，高度重视法治反腐，坚定不移地推进党风廉政建设与反腐败斗争。反腐败斗争力度前所未有，取得的成就令世界瞩目，成功地走出了一条中国特色的反腐败之路。我国在国际社会树立了良好的形象，国际影响力与话语权不断得到提升。

在国际规则重塑的当下，国际社会，尤其是新兴国家，特别需要中国提供的公共产品——反腐败中国方案与中国经验，国际反腐败合作也需要中国参与和推进。十年来，中国秉持多边主义立场，积极维护以联合国为核心的反腐败国际治理体系，积极参与反腐败多双边合作，坚决打击跨国腐败犯罪，推动全球反腐败秩序向更加公平公正的方向发展，为构建人类命运共同体作出了中国贡献。

推进反腐败国家立法，是党的十八大以来，以习近平同志为核心的党中央全面从严治党重大政治建设成果的经验总结。推进反腐败国家立法，事关党风廉政建设和反腐败工作全局，是建设中国特色社会主义法治体系的重要内容。在十八届中央纪委二次全会上，习近平总书记就提出，要善于运用法治思维和法治方式反对腐败，加强反腐败国家立法，加强反腐倡廉党内法规制度建设，让法律制度刚性运行。党的十八届四中全会提出："加快推进反腐败国家立法，完善惩治和预防腐败体系，形成不敢腐、不能腐、不想腐的有效机制，坚决遏制和预防腐败现象。"党的十九大报告提出："推进反腐败国家立法，建设覆盖纪检监察系统的检举举报平台。"党的二十大报告明确提出："深化标本兼治，推进反腐败国家立法。"

“中国反腐败国家立法研究丛书”（以下简称“丛书”），基于党的十八大以来“推进反腐败国家立法”和“一体推进不敢腐、不能腐、不想腐”“夺取反腐败斗争压倒性胜利”这一时代背景，以习近平法治思想为根本遵循，深入分析党风廉政建设与反腐败斗争中的重大法治问题，尤其是立法问题，博采众长，希望建构起一种与社会主义市场经济、法治国家和民族精神的发展相适应的道德、廉政、法治秩序，以服务于法治中国建设，服务于中国式现代化建设。

丛书含括《反腐败国家立法通论》《国际组织反腐败立法研究》《防止公职人员利益冲突立法研究》《公共财政绩效预算与反腐败立法研究》《国有企业反腐败立法研究》《推进反腐败国际立法研究》《国外对中国近年来反腐败及反腐败立法的评价研究》等七个分册，凝结了作者对反腐败国家立法的历史沿革、立法原理、立法文本、立法技术、立法效果等方面的全面梳理、归纳与思索。丛书既有关于反腐败国家立法的整体分析，又有对于重点领域立法推进的具体研究，以及对国际反腐败合作与立法的深度研究，还有对国外评价中国反腐败国家立法效果的再评价，它们共同构建了一幅全景式展示反腐败国家立法理论、历史与发展规律、立法技术等的蓝图。

其一，建构了中国反腐败国家立法研究的分析框架和研究范式。从腐败的生成机理、构建反腐败的核心要素、反腐败立法的正当性和合法性等方面搭建了中国反腐败国家立法的分析框架。

其二，概括了反腐败国家立法模式。在对国外反腐败国家立法实践进行全面梳理和总结分析的基础上，将国外反腐败国家立法分为三个时期、三种模式，并对三个时期和三种模式进行了评析，总结了世界各国在反腐败立法上的经验教训。

其三，论证了我国推动反腐败国家立法体系化的必要性和可行性。从维护社会公平正义与和谐稳定的宏观角度，依然严峻的反腐败形势的中观角度，以及我国对《联合国反腐败公约》履约、为国际社会提供反腐败公共产品的微观角度，论证了我国推动反腐败国家立法体系化的必要性。从政策支持、理论储备、立法依据和国际经验等四个方面论证了我国推动反腐败国家立法体系化的可行性。

其四，以国外反腐败法律文本、立法实践为研究对象，落脚于对我国反腐败国家立法的探索，提出了未来我国反腐败国家立法体系的构想，提供了若干立法草案。

其五，提出了推动中国特色反腐败法典的编纂是当下刻不容缓的要务的观点，并着力分析了推动反腐败法典编纂的必要性、可行性，提出了起草反腐败法典的思路、框架与实施策略。

丛书既有对当代中国反腐败国家立法体制机制、反腐败立法体系化和反腐败法典的内涵及其特点、规律的探索，又有对国外反腐败国家立法的得失、特点与规律的总结，还有对国际组织反腐败立法的研究；既有对推进反腐败国际立法与反腐败国际执法的研究，又有对国际反腐败立法、执法绩效评估的研究。这些既是对反腐败国家立法、反腐败国际立法的历史演进、现实发展的研究，也是对未来反腐败法治建设的前瞻。

希望丛书能够给广大读者以启发，也期待着大家的批评指正。

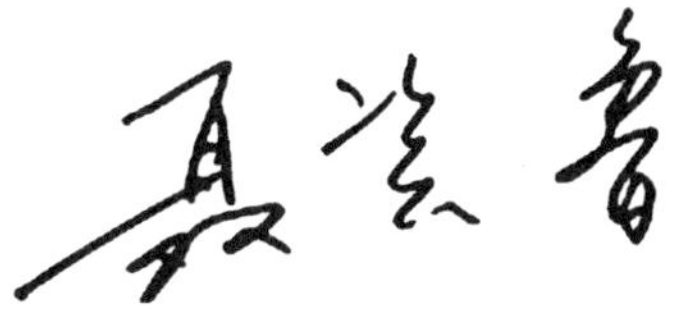

2023年6月10日

于广西大学

目　次

绪 论

国有企业,[①] 是我国经济社会发展的重要支柱，是中国共产党执政的重要经济基础，它作为推进国家现代化的重要力量，在国民经济发展中作用突出。

与此同时，近些年来，国有企业的“一把手”及高管频频“落马”，国有企业出现的腐败问题，令人触目惊心。据北京师范大学张远煌等人统计，2014—2018 年，我国国有企业家腐败犯罪次数为 1215 次，国有企业家腐败犯罪涉案人数为 1056 人，平均年腐败犯罪的次数为 243 次，平均年犯罪人数为 211. 2 人。[②] 据《2019—2020 企业家刑事风险分析报告》统计，在 2019 年 12 月 1 日至 2020 年 11 月 30 日中国裁判文书网的刑事判决案例中，国有企业家腐败犯罪的次数为 234 次，国有企业家腐败犯罪涉案人数为 187 人。[③] 数字惊人，令人深思。

国有企业的廉洁、高效，直接关系党和国家在百姓心中的形象，是一个严肃的政治问题。2015 年，有专家称，国有企业成了反腐的“第二战场”[④]。

党的十八大以来，以习近平同志为核心的党中央提出了“不敢

① 我国国有企业（包含中央企业）就是国有独资和国有控股企业，在国有企业里最主要的资产是国有资产，国有资产归全民所有，并由代表全民利益的人民政府来集中行使所有权，类似于西方的政府企业。

② 张远煌，赵军，黄石，等. 中国企业家腐败犯罪报告（2014—2018）［J］. 犯罪研究，2020（6）：2-46.

③ 张远煌.《2019—2020 企业家刑事风险分析报告》发布［N］. 法治日报，2021-04-28.

④ 庄庆鸿，柳梦晨. 国企成反腐第二战场：专项巡视瞄准企业靶心［N］. 中国青年报，2015-01-18；唐任伍. 国企成反腐“第二战场”非常及时［N］. 环球时报，2015-02-09.

腐、不能腐、不想腐”的反腐败整体构想，实现反腐败斗争法制化，反腐败工作重心由惩治为主转向预防为主，惩治与预防并重，突出标本兼治。

2014 年 10 月 23 日，党的十八届四中全会通过的《中共中央关于全面推进依法治国若干重大问题的决定》提出：“加快推进反腐败国家立法，完善惩治和预防腐败体系，形成不敢腐、不能腐、不想腐的有效机制。”①

2015 年 1 月 13 日，习近平总书记在十八届中央纪委五次全会上发表的重要讲话强调：“着力完善国有企业监管制度，加强党对国有企业的领导，加强对国企领导班子的监督，搞好对国企的巡视，加大审计监督力度。”②

习近平总书记在十八届中央纪委六次全会上指出：“党的十八大以来，我们党着眼于新的形势任务，把全面从严治党纳入‘四个全面’战略布局，把党风廉政建设和反腐败斗争作为全面从严治党的重要内容，正风肃纪，反腐惩恶，着力构建不敢腐、不能腐、不想腐的体制机制。”③ 习近平总书记从治本角度对反腐倡廉进行的总体阐述，是从法治反腐高度进行的制度设计。

2016 年 10 月 10 日，习近平总书记在全国国有企业党的建设工作会议上，对国有企业坚持党的领导、加强党的建设作出重大部署，在国资国企改革发展史上具有划时代和里程碑的意义。习近平总书记在会上对国有企业领导人员提出了基本要求：“国有企业领导人员

---

① 新华社. 中共中央关于全面推进依法治国若干重大问题的决定 [EB/OL]. (2014-10-28) [2023-10-17]. http://www.gov.cn/zhengce/2014-10/28/content_2771946.htm.

② 新华网. 习近平在十八届中央纪委五次全会上发表重要讲话强调：深化改革巩固成果积极拓展不断把反腐败斗争引向深入 [EB/OL]. (2015-01-13) [2023-10-17]. https://news.12371.cn/2015/01/13/ARTI1421145220176619.shtml?from=groupmessage&isappinstalled=0.

③ 新华社. 习近平：坚持全面从严治党依规治党创新体制机制强化党内监督 [EB/OL]. (2016-01-12) [2023-10-17]. https://www.ccdi.gov.cn/special/lcqh/topnews_lcqh/201601/t20160112_72686.html；贾亮. 永远在路上，只有进行时 [N]. 中国纪检监察，2016-01-28.

必须做到对党忠诚、勇于创新、治企有方、兴企有为、清正廉洁。”[①]这是检验一个国有企业领导人员的重要标准，尤其是“清正廉洁”。

党的十九大以来，党中央更强调全面从严治党，依规治党，更加重视国有企业领域的反腐败。国有企业特别是中央企业，成为中央反腐败斗争的重要领域。此外，随着国有企业“走出去”步伐的加快，海外腐败问题日益突出，亟须强化治理，推进国有企业反腐败立法。

习近平总书记在十九届中央纪委四次全会上强调，要加大国有企业反腐力度，加强国家资源、国有资产管理，查处地方债务风险中隐藏的腐败问题。[②]

十九届中央纪委五次全会在部署工作时要求，“持续惩治国有企业腐败问题”[③]。为国企坚定不移深化反腐败斗争，一体推进不敢腐、不能腐、不想腐明确了努力方向。

十九届中央纪委六次全会提出，坚决查处基础设施建设、公共资源交易等方面的腐败问题，深化国企反腐败工作。国有企业是国民经济的主导力量和社会主义市场经济的重要支柱，加强对国有企业特别是国有企业基层单位的有效监督，是充分发挥纪检监察机关监督保障执行、促进完善发展作用，实现纪检监察工作高质量发展的重要内容。

从2022年开始，国务院国有资产监督管理委员会（以下简称“国资委”）不断深化“靠企吃企”专项整治，从根本上建立标本兼治的长效机制，为国资国企改革发展和党的建设提供有力保障。

---

① 新华社．习近平在全国国有企业党的建设工作会议上强调：坚持党对国企的领导不动摇［EB/OL］．（2016-10-11）［2023-10-17］．http：//www. xinhuanet. com/politics/2016-10/11/c_ 1119697415. htm.

② 新华网．习近平在十九届中央纪委四次全会上发表重要讲话［EB/OL］．（2020-01-13）［2023-10-17］．http：//www. xinhuanet. com/politics/leaders/2020-01/13/c_ 1125457206. htm.

③ 新华社．中国共产党第十九届中央纪律检查委员会第五次全体会议公报［EB/OL］．（2021-01-24）［2023-10-17］．http：//www. gov. cn/xinwen/2021-01/24/content_ 5582261. htm.

2022年2月，国家监察委员会印发了《关于办理国有企业管理人员渎职犯罪案件适用法律若干问题的意见》（以下简称《意见》）。它是国家监察委员会印发的第一个针对职务犯罪实体认定方面的监察执法指导性文件。《意见》围绕非法经营同类营业罪，为亲友非法牟利罪，国有公司、企业人员失职罪和国有公司、企业人员滥用职权罪等四类案件的法律适用问题，主要明确和解决了追诉标准、犯罪主体、犯罪地、“国家利益遭受损失”及挽回后处置、犯罪构成的认定标准等问题。《意见》的实施，有助于准确把握和处理国有企业管理人员渎职犯罪案件，严肃查处“靠企吃企”“影子公司”等突出问题，有效推动国有企业高质量发展，也有助于国有企业的反腐败立法。

党的二十大也高度重视反腐败斗争，将反腐败作为重点内容，在报告的十五个部分中，有三个部分八次明确提出反腐败。习近平总书记在报告中强调指出：“坚决打赢反腐败斗争攻坚战持久战。腐败是危害党的生命力和战斗力的最大毒瘤，反腐败是最彻底的自我革命。只要存在腐败问题产生的土壤和条件，反腐败斗争就一刻不能停，必须永远吹冲锋号。坚持不敢腐、不能腐、不想腐一体推进，同时发力、同向发力、综合发力。”“深化标本兼治，推进反腐败国家立法，加强新时代廉洁文化建设，教育引导广大党员、干部增强不想腐的自觉，清清白白做人、干干净净做事，使严厉惩治、规范权力、教育引导紧密结合、协调联动，不断取得更多制度性成果和更大治理效能。”① 习近平总书记的这些重要论述，为我们当前和今后坚决打赢反腐败斗争攻坚战持久战指明了方向，提供了遵循。

党的二十大也对国资国企改革发展和党的建设作出了系列新的重大部署，为在新的历史起点上推进国资国企反腐败立法工作指明

① 习近平. 高举中国特色社会主义伟大旗帜　为全面建设社会主义现代化国家而团结奋斗：在中国共产党第二十次全国代表大会上的报告［EB/OL］.（2022-10-16）［2023-10-17］. http：//cpc. people. com. cn/n1/2022/1026/c64094-32551700. html.

了方向，提供了根本遵循。

因而，研究国有企业反腐败立法已刻不容缓。

一、研究背景及意义

（一）研究背景

党的十八大以来，党中央在全国范围内深入推进反腐败斗争，从中央到地方持续开展高强度的腐败整治行动。国有企业有不少大老虎应声“落马”，其涉案金额动辄百亿元，不仅给国家造成了巨大的经济损失，而且严重损害了党和国有企业形象。从目前查处的腐败案件看，十年来，“落马”的众多国有企业领导涉案范围之广、期限之长、损失之大，无不令人瞠目结舌。不少高级别腐败分子涉案时间大多长达数十年，由小腐到巨贪，边腐边升，腐而不倒，教训深刻。

据2019年第3期《中国纪检监察》杂志刊发的《推动国资委和中央企业全面从严治党向纵深发展——2019年国资委机关暨中央企业党风廉政建设和反腐败工作会议侧记》一文统计：“十八大以来，中央纪委国家监委查处了17个中管企业正职领导，完成对央企的巡视全覆盖。”

据笔者对中央纪委国家监委网站“审查调查”栏目不完全统计：党的十八大后至2022年9月底，国有企业、央企高管接受审查执纪审查（落马）的有178人。国有企业、央企高管接受党纪政务处分（落马）的有51人。①

如前所述，国有企业是中国特色社会主义的重要物质基础和政治基础，是党执政兴国的重要支柱和依靠力量。国有企业也是推进国

① 笔者根据中央纪委国家监委网站统计。

家现代化、保障人民共同利益的重要力量，在国民经济发展中地位重要、作用突出。随着国资国企改革的不断深化，随着“一带一路”建设的高歌猛进，如何推进国有企业反腐败立法，如何加大国有企业反腐力度，成为摆在我们面前的重大课题。

当前，国有企业正处于国资国企改革的重要关口，肩负推动经济发展转型升级、推进“一带一路”国家战略实施的历史使命，必须以廉洁高效保障发展质量，强化法治和廉政建设，在加大腐败案件惩治力度和提高效率的基础上，抓住法律和制度建设的“牛鼻子”，深化腐败预防体系建设，把权力关进制度的笼子里。

为此，我们必须认真学习习近平法治思想，以及党的十八大以来中央关于反腐败斗争的战略部署和思想内涵，尤其是要深入学习、领会党的二十大报告精神，积极借鉴国际经验，深入研究国有企业预防腐败体制机制创新的关键问题，推进国有企业反腐败立法，护航国有企业改革发展。

（二）研究意义

国有企业的廉洁高效运转与否，关系到我国基本经济制度安排是否合理。国有企业的腐败问题，关系党和国家的形象，关乎民心向背。国有企业腐败案件，特别是一系列重大案件的发生，不仅损害局部的经济利益，更损害了广大人民对党和国家的认同感、归属感。国有企业反腐败斗争，不是局部的经济问题，而是党中央在新时期持续深入反腐败斗争的重要战线，是严肃的政治问题。

国有企业有效开展反腐败斗争，一方面，需要在国家持续强化对腐败行为集中式惩治的背景下，加大案件查办力度；另一方面，则需要结合国有企业自身改革和发展实际，加快构建法治国企，创新依法预防腐败的体制机制。只有将权力关进制度的笼子里，让权力运行在阳光下，接受人民和法律的监督，才能保障国有企业长治久安、廉洁发展。

为此，在党中央提出的依法治国、法治反腐的顶层设计框架下，研究法治视域下国有企业预防腐败机制创新问题，具有重要的理论和实践指导意义。

1. 理论意义

一是有助于实现中央法治反腐顶层设计在国有企业反腐败斗争中的落地。深入贯彻中央提出的一体推进“不敢腐、不能腐、不想腐”反腐败战略，提出了国有企业预防腐败体制机制创新的整体方案，丰富了国有企业反腐败斗争理论。

二是为持续深入研究国有企业反腐提供了系统的分析框架和范式。基于社会学理论，坚持制度建设与执行并重，采用系统结构化的方法论，开展包括法律、机制和评价等方面在内的多维度、多层次立体研究，为更加全面、系统地认识和破解国有企业腐败问题的顽疾，提供了新的认识框架和分析范式。

2. 实践指导意义

一是可以更好地规范与指导国有企业的反腐败工作。当前，一些国有企业的公职人员趁社会转型和国企改革存在某些制度缺失和矛盾之际，利用职务之便，大肆收受贿赂和侵吞国有资财。而我国针对国有企业的反腐败立法相对滞后和不完善，就给国有企业腐败犯罪的预防、执法和司法带来了困难。因而，推进国有企业反腐败立法，更好地规范与指导国有企业反腐败工作，具有直接指导立法与司法的实践意义。

二是提出了加强国有企业反腐败立法体系与能力建设的理论与制度设计的方案，为国资委、纪委等监管部门评估、考核国有企业反腐能力建设提供方法借鉴。

三是将预防腐败体制机制覆盖到国际、国内两个市场。关注国际项目、资本、资产的运营管控，针对当前存在的突出问题，聚焦强化海外业务的常态监督和有效治理，借鉴国际跨国企业经验，提出体制机制创新的方案。拓宽了腐败防治领域，丰富了国有企业反腐斗争内涵，对国有企业海外业务预防腐败体系建设具有一定的借鉴意义。

四是针对国有企业权力体系的特点，抓住国企腐败的共性与深层次原因，提出一系列体制机制创新的措施建议，为国有企业构建预防腐败体系、提升廉洁高效运营水平，提供启示和参考。

五是在研究过程中，坚持法治思维，统筹考虑国资国企改革对反腐败的内在需求，研究国有企业预防腐败体制机制创新的相关法律制度，对于防止改革过程中的利益冲突与防范国有资产流失，夯实立法理论基础。

二、文献综述

国有企业反腐败是世界性的难题。围绕国有企业反腐败制度研究这一课题，多年来国内外取得了较为丰富的研究成果。总结国内外研究存在的问题和不足，进而归纳出进一步研究的趋势和方向。

（一）国外研究综述

1. 关于国有企业概念的界定

关于国有企业的定义，虽有多种不同角度的研究成果，但多集中在一个关键点：国家或政府是否对其经营活动具有支配性、控制性。《新帕尔格雷夫经济学大辞典》（1996）将国有企业表述为“由政府代理人所有、控制或经营的企业”，并强调“政府成为企业的所有者，拥有任命和罢免经理人员的权力”。①

欧洲共同体委员会（Commission of the European Communities，简称 CEC）在其 1980 年发布的《关于企业透明度条例》中对国有企业进行了界定：国有企业是指“国家能够凭借其所有权、财政参与、章程以及其他规范企业活动的规定，直接或者间接行使支配性影响”的“任何一个企业”。所谓支配性影响，就是指：“如果国家对一个企业能够直接或者间接地在企业注册资本中占有多数股份；或者拥有与企业份额相关的多数表决权；或者可以决定企业的管理机构、领导机构或者监事会一半以上的成员，这就可以推断，国家对这个企业能够行使支配性影响。”②

世界银行在 2000 年发布的《世界发展指标 1999：国家与市场》（*World Development Indicators 1999*：*States and Markets*）中定义：国有企业是政府（包括政府部门）拥有的或（不管通过什么途径和方式）实际控制的经济实体。③

《全面与进步跨太平洋伙伴关系协定》（*Comprehensive and Progressive Agreement for Trans-Pacific Partnership*，简称 CPTPP）在第 17.1 条（定义）中指出：“国有企业指主要从事商业活动的企业且缔约方在该企业中直接拥有 50% 以上股份资本；通过所有者权益控制 50% 以上投票权的行使；或拥有任命董事会或其他同等管理机构过半数成员的权力。”④

《美墨加协定》（*The United States-Mexico-Canada Agreement*，简称 USMCA）在第 22 章“国有企业”中规定的国有企业，不仅包括政府

① 伊特韦尔. 新帕尔格雷夫经济学大辞典：第 1 卷：A-D［M］. 陈岱孙，译. 北京：经济科学出版社，1996：438-640.

② 麦斯特麦克. 德国与欧共体经济法中的国有企业［C］//王晓晔. 反垄断法与市场经济：中德反垄断法比较研讨会论文集［M］. 北京：法律出版社，1998：112-113.

③ World Development Indicators 1999：States and Markets［R］. World Bank，2000.

④《全面与进步跨太平洋伙伴关系协定》（CPTPP）文本（含参考译文）［EB/OL］.（2021-01-11）［2023-10-16］. http：//www. mofcom. gov. cn/aarticle/jiguanzx/202101/20210103030014. html.

拥有绝对控股权（股份比例超过 50%）的企业，还包括那些政府即使不拥有控股权，但有实质性控制能力的企业，如拥有对企业高管的任命权等。协定强调，并不是不允许政府设立或保留国有企业，只是规定政府应该运用市场化的手法来管理企业，以股东的身份来享有权益、分担责任。[①]

美国学者加纳（1970）认为国有企业是整体或者部分归政府所有的、按一定商业原则运营的独立法律实体。[②]

琼斯（1975）将国有企业定义为“政府可以凭借对其拥有的所有权的全部或大部分，对其进行控制和管理的经济实体，其收入主要通过出卖它们的产品和劳务来获得，而不是靠政府部门的预算拨款”[③]。

麦斯特麦克（1998）指出，欧盟认为任何企业，只要国家能够凭借其所有权、财政参与、章程以及其他规范企业活动的规定，直接或者间接行使支配性影响，[④] 就是国有企业。琼斯、坦登、沃格尔桑（1990）也这样认为。[⑤]

2. 关于国有企业的定位

关于国有企业的存在是以经济学中的国家干预理论为重要理论依据的。英国经济学家凯恩斯在其代表作《就业、利息和货币通论》中根据其所建立的涉及经济总量变数的理论，得出资本主义市场各种因素不能自行解决失业问题的结论，并据此而主张实行国家干预

① 邵宇，陈达飞．美-墨-加协议（USMCA）全解及其对中国的启示［EB/OL］．（2019-01-15）［2023-10-16］．http：//www. nifd. cn/ResearchComment/Details/1104.

② GARNER J F. Government Enterprise：A Comparative Study［M］. New York：Columbia University Press，1970.

③ Jones L P. Public Enterprise and Economic Development：The Korean Case［D］. Korea Development Institute，Seoul，KR，1975.

④ 麦斯特麦克．德国与欧共体经济法中的国有企业［C］//王晓晔．反垄断法与市场经济：中德反垄断法比较研讨会论文集［M］．北京：法律出版社，1998：112-113.

⑤ Jones L P，Tandon P，Vogelsang I. Selling Public Enterprises：A Cost/Benefit Methodology［M］. Cambridge，MA：MIT Press，1990.

经济生活的政策，这就是国家干预理论。[①] 凯恩斯理论的诞生及其后几十年的蓬勃发展，始终伴随着西方国有企业的改革、重组与成长。不过凯恩斯并未提出国有制应当成为资本主义经济的组成部分。

英国经济学家庇古从福利经济学的角度出发，[②] 也提出了国家干预的必要性。他认为外部效应问题是市场本身无法克服的内在缺陷，如果政府始终恪守传统的“守夜人”职责，它将始终对市场有效运行构成一种威胁。他建议利用国家拥有的征税权力，对那些制造外部影响的企业和个人征收一个相当于私人与社会边际成本差额的税收或给予同等数量的补贴，具体视外部效应的性质（有利还是有害）而定，使企业和个人自动地按照效率标准提供最优产量。借助于国家的干预，市场秩序又得以重建。

美国经济学家汉森提出了混合经济思想，[③] 将凯恩斯的思想又向前推进了一大步。他认为传统资本主义市场经济已经崩溃，必须在国内和国际范围内重建新的市场经济制度，这个新的经济制度是以私有制为基础，同时又能充分发挥国家经济调控作用的经济制度，即“混合经济制度”。他明确提出政府应当通过设立国有企业的方式，增加公共基础设施，发展社会事业。汉森的混合经济思想，更加为国有经济乃至国有企业的存在确立了理论前提。

3. 关于公司治理

1932 年，伯利和米恩斯在《现代公司和私有财产》中探索公司治理结构问题，率先开始了关于公司治理及公司治理结构这一专题的研究。

1966 年，R. 拉纳在《最大 200 家非金融公司的控制权与所有权》中以实证材料揭示了现代公司的所有权与控制权分离、控制权

---

① 凯恩斯. 就业、利息和货币通论［M］. 北京：商务印书馆，2017：32-35.

② 庇古. 福利经济学［M］. 北京：商务印书馆，2006：354-355.

③ Hansen A H. Economic Policy and Full Employment［M］. New York：McGraw-Hill Book Company，1947.

由所有者手中转移到支薪经理手中的状况。

1977年，钱德勒在《看得见的手：美国企业的管理革命》中描述了现代公司两权分离的历史演进过程。

1981年，威廉姆斯在《现代公司：起源、演进、特征》中提出要用资产专用性原则、外部性原则、等级分解原则等三种原则来解释现代公司的演进过程。

1996年，奥利弗·哈特在《公司治理：理论与启示》中从代理问题和代理的交易费用的角度分析了公司治理结构产生的条件，提出了公司治理结构的分析框架。

1994年，科克伦和沃特克在《公司治理：文献回顾》中指出，公司治理问题包括高级管理阶层、股东、董事会和公司其他利害相关者的相互作用中产生的具体问题。谁从公司的经营管理中受益以及谁又应该从公司的经营管理中受益这两个问题构成了公司治理问题的核心。

1995年，青木昌彦、钱颖一在《转轨经济中的公司治理结构：内部人控制和银行的作用》中指出，公司治理结构是一套制度安排，用来支配若干在企业中有重大利益关系的团体——投资者（股东和贷款人）、经理、员工之间的关系，并从这种联盟中实现经济利益。

1996年，柯林·梅耶在《市场经济和过渡经济的企业治理机制》中把公司治理解释为公司赖以代表和服务于它的投资者的一种组织安排。

1997年，Andrel Shleifer 和 Robet W. Vishny 两位却认为，公司治理机制是一系列可以通过行政程序更改的经济和法律制度。一个好的公司治理机制应把对大投资者和小投资者权利的法律保护结合起来。

2007年，Seoungpil Ahn 与 Mark D. Wabker 认为，公司治理就是解决公司股东、董事和经理之间关系的理论。

目前，国外的相关研究越来越深入和具象化，值得我们关注与借鉴。

4. 关于腐败与反腐败

关于腐败的研究，可参考以下学者的综述：阿诺德·J. 海德海墨（1970）[①]、巴德罕（1997）[②]、杰恩（2001）[③]、艾特（2003）[④]、斯文森（2005）[⑤]、吉本斯等（2013）[⑥]。

（1）关于腐败的定义。

腐败一般被认为是“公务人员不正当地利用公权力为自己谋取私利的行为”（Shleifer 和 Vishny，1993[⑦]；Aidt，2009[⑧]）。

塞缪尔·亨廷顿认为：“腐化，即公职人员为了谋取私利而违反公认准则的行为，腐败的基本形式就是政治权力与经济财富的交换。”[⑨]

卡尔·J. 弗里德里克（1963）指出，腐败是所有政府的通病。腐败就是一种偏离了特定环境下主流道德规范的行为。

纳撒尼尔（2002）指出：腐败是一种可以对官僚机构产生影响的法律体系之外的行为，腐败的出现仅是佐证了该类团体比其他人

---

① Arnold J. Heidenheimer. Political Corruption：Readings in Comparative［M］. New York：Holt Rinehart and Winston，1970.

② Bardhan P. Corruption and Development：A Review of Issues［J］. Journal of Economic Literature，1997，35（3）：1320-1346.

③ Jain A K. Corruption：A review［J］. Journal of Economic Surveys，2001，15（1）：71-121.

④ Aidt T S. Economic Analysis of Corruption：A Survey［J］. The Economic Journal，2003，113（491）：632-652.

⑤ Svensson J. Eight Questions about Corruption［J］. Journal of Economic Perspectives，2005，19（3）：19-42.

⑥ Gibbons R，John R. The Handbook of Organizational Economics［M］. Princeton：Princeton University Press，2013.

⑦ Shleifer A，Vishny R. Corruption［J］. Quarterly Journal of Economics，1993，108：599-617.

⑧ Aidt T S. Corruption，Institutions，and Economic Development［J］. Oxford Review of Economic Policy，2009，25（2）：271-291.

⑨ 塞缪尔·P. 亨廷顿. 变化社会中的政治秩序［M］. 王冠华，等译. 北京：生活·读书·新知三联书社，1998.

更频繁地参与了决策活动。①

阿诺德·J. 海德海墨（1970）在《对腐败性质的分析》中认为：腐败是“公职人员把公共部门当作企业，寻找公共权力需求曲线上最大化本企业收入的点的行为”。他还从三个不同视角归纳了对腐败行为所进行的定义，分别是：以公共利益为中心、以市场为中心、以公共职位为中心。他分别介绍了该三类不同的视角所包含的有关腐败的学者与观点。②

杰恩（1998）在《现代腐败》中认为：有两类不同的腐败行为：第一类是在决策活动中，通过权力滥用来改变经济中不同资产的回报率，称为“政治腐败”；第二类是政府资产的滥用，称作“行政腐败”。他同时阐述了腐败所需的三个基本因素：一是在政治、管理和法律制度之内，政府雇员拥有运用权力去“抽取租金”或“造租”的经济激励；二是权力配置和使用的随意性，使得行为主体有意愿与能力滥用权力；三是政府雇员拥有在决策过程中随意设计和制定管制政策的权威。因而，杰恩指出：“腐败是政府官员为了个人利益滥用政府权力或出卖政府资产的行为。”③

杰拉尔德·E. 凯登（2001）系统地剖析了腐败的特征，他分析了二十类常见的腐败类型，系统归纳了这些腐败活动的十项典型特点。第一，腐败是根深蒂固的政治毒瘤，很难被清除，由于反腐的对策通常是短暂的、基于形式的，甚至很可能腐败没有被清除，相反促进了腐败的滋生。第二，腐败是由多个原因共同作用而产生的，具有多种表现形式，而且由于其隐蔽性与不确定性，通常不能被准确地评估。第三，腐败受公共权力行使的社会环境的影响。第四，腐败在不

① Arnold J. Heidenheimer. Political Corruption: Concepts and Contexts [M]. New Brunswick, USA; London, UK: Transaction Publishers, 2002: 8.

② Arnold J. Heidenheimer. Political Corruption: Readings in Comparative [M]. New York: Holt Rinehart and Winston, 1970.

③ Jain A K. Models of Corruption [M] //Jain A K. Economics of Corruption. Norwell, Massachusetts: Kluwer Academic Publishers, 1998.

同的国家、不同的地区、不同的政治体制和经济体制下，产生的机理、程度和影响作用也不同。第五，腐败存在于一切的政治制度中，也存在于一切级别的政府机关中，当然还存在于所有涉及提供稀缺公共产品和服务的过程中。第六，腐败为有组织的犯罪、地下经济、非法企业提供了便利。第七，腐败的重要目标是用恰当的价格参与政治决策过程，甚至对政治决策产生影响。第八，腐败主要是由经济发展的不确定、政治的不稳定、政府缺乏合法性、财富分配不均、公共资源的私有化、企业扩张的野心等导致的。第九，虽然腐败不能被百分之百清除，但大众制衡权力、民主化思潮、行政规范法制化程度、政治参与意愿、公共道德水平的有效提高、提升个人诚信水平均是能够控制腐败发生的有效措施。第十，若大众政治参与受到限制，公众对腐败持宽容的观点，腐败不会被杜绝，并且腐败都是以牺牲大多数弱势群体的利益为代价来满足少数特权阶级的利益。①

艾特（2003）在《腐败的经济分析》中认为，腐败的产生和持续须具备三个重要条件：①政府官员拥有随意设计和制定管制政策的权威；②权力随意性使得“抽取租金”或“寻租”成为可能；③政府官员具有运用权力寻租的动机。可以发现，无论是在政治学、法学还是经济学视角中，腐败概念的本质内涵均表现为基于权力寻租手段的利益攫取行为。②

斯文森（2005）在《关于腐败的八个问题》中认为，腐败也可以采取企业间的串谋或者将成本强加于消费者和投资者身上的公司资产的滥用等形式。③

---

① Caiden G E, Dwivedi O P, Joseph J, etc. Where Corruption Lives [M]. Bloomfield: Kumarian Press, 2001: 273. 翻译本：凯登，德威维迪，捷波朗. 腐败：权力与制约 [M]. 王云燕，译. 北京：人民日报出版社，2017.

② Aidt T S. Economic Analysis of Corruption: A Survey [J]. The Economic Journal, 2003, 113 (491): 632-652.

③ Svensson J. Eight Questions about Corruption [J]. Journal of Economic Perspectives, 2005, 19 (3): 19-42.

一些学者就腐败的本质达成了共识。如：腐败的本质是一种用权力谋取私利的行为（Aidt，2003），[①] 腐败的本质也是一种权力寻租（Krueger，1974）[②]。

另外，一些国际组织也对腐败的概念作了定义。如，世界银行对腐败下的定义是："为了私利而滥用公权"的行为。国际货币基金组织将腐败定义为："腐败是滥用公共权力以谋取私人的利益。"[③]

（2）关于腐败产生的原因。

班纳吉认为发生腐败的重要原因之一是工资偏低。若薪水偏低，即使是最诚实的公职人员也会做出违法的行为去提升他们的物质水平。

刘易斯（2005）指出，"在一些国家中，公务人员薪金偏低是导致腐败的重要原因"[④]。

帕尔米认为腐败是由监惩机制、政治体制、工资水平三个因素联合作用下的结果。他指出："官僚腐败的出现并不是三个因素中的任何一个直接所致，而是着重观察三个因素之间是否平衡：若工资高，健全的政治体制可以降低腐败的概率，同时合理的监惩机制，则可以让腐败的概率处于最低水平。反之，若工资低、风险小而机会大，就极易导致腐败行为的出现。"[⑤]

曾长期致力于腐败理论研究的塞缪尔·亨廷顿指出："腐败程度和社会经济的飞快现代化有着密不可分的联系。"社会与经济的现代化使得整个社会出现变化，一旦这种变化没有被制度规定，那么极易

① Aidt T S. Economic Analysis of Corruption: A Survey [J]. The Economic Journal, 2003, 113 (491): 632-652.

② Krueger A O. The Political Economy of the Rent-seeking Society [J]. The American Economic Review, 1974, 64 (3): 291-303.

③ Tanzi V. Corruption Around the World: Causes, Consequences, Scope, and Cures [J]. Staff Papers, 1998, 45 (4): 559-594.

④ 阿瑟·刘易斯. 经济增长理论 [M]. 周师铭，沈丙杰，沈伯根，译. 北京：商务印书馆，2005：503-505.

⑤ Leslie Palmie. The Control of Bureaucratic Corruption: Case Study in Asia [M]. New Delhi: Allied Publishers, 1985: 271-272.

滋生腐败，“腐败是尚未形成科学合理的政治制度化的一种典型代表”。[①]

（3）关于企业高管腐败。

进入21世纪，随着安然、世通等企业高管腐败丑闻的曝光，国外学术界更加意识到了企业高管腐败的存在及其严重危害（Luo，2005[②]；Kwok 和 Tadesse，2006[③]）。

透明国际（2008）将高管腐败定义为企业高管滥用权力攫取控制权私利的现象，包括收受贿赂、接受回扣、挪用资金或转移资产等。

皮尔斯等（2008）将高管腐败定义为以损害其他投资者利益或者企业的长远发展，为高管自己谋求直接利益的不道德行为。[④]

沃森和赫希（2010）认为，高管腐败是企业内部组织结构混乱或权力配置失衡导致的高管滥用权力现象。[⑤]

亚拉莫夫和贝列夫（2011）强调，企业高管腐败是公司治理机制脆弱而导致的高管舞弊现象，它为企业高管带来了好处，但却损害了企业价值。

尽管不同学者的内涵界定并非完全一致，但他们普遍认为，企业高管腐败的关键驱动因素是管理层攫取控制权私利的寻租动机，其

---

① 塞缪尔·P. 亨廷顿. 变化社会中的政治秩序［M］. 王冠华，等译. 北京：生活·读书·新知三联书社，1998.

② Luo Y. An Organizational Perspective of corruption［J］. Management and Organization Review，2005，1（1）：119-154.

③ Kwok C C Y，Tadesse S. The MNC as an Agent of Change for Host-country Institutions：FDI and Corruption［J］. Journal of International Business Studies，2006，37：767-785.

④ Pearce C L，Manz C C，Sims J H P. The Roles of Vertical and Shared Leadership in the Enactment of Executive Corruption：Implications for Research and Practice［J］. The Leadership Quarterly，2008，19（3）：353-359.

⑤ Watson S，Hirsch R. The Link Between Corporate Governance and Corruption in New Zealand［J］. New Zealand Universities Law Review，2010，24（1）：42.

后果则是导致企业价值和投资者利益受到损害（Huang 和 Snell，2003）[①]。

陈等（2010）实证检验了跨国公司高管腐败、政治关系和分析师盈余预测准确性之间的联系，其结果表明，腐败程度越严重，则盈余预测准确性越受到高管政治关系的影响。因此，他们强调，防治腐败有利于弱化高管政治关系对企业信息环境的破坏。[②]

随着研究的深入展开，许多学者进一步将企业高管腐败的具体类型及其特征细化。

沃森和赫希（2010）将高管腐败划分为内部腐败和合谋腐败，前者指企业高管单独实施的权力寻租行为，如职务侵占、挪用资产等；后者则指企业高管与第三方合谋实施的权力寻租与腐败，如收受贿赂等。[③]

奥苏吉（2011）根据寻租活动是否被相关法律或监管条例所禁止，将高管腐败分为符合规则型和违背规则型两类。[④]

阿格隆和梯罗尔（1997）[⑤] 将控制权划分为名义控制权（formal authority）和实际控制权（real authority），认为前者由持股比例决定，后者则掌握在拥有信息优势和决策能力的内部管理者手中。将控制权授予管理者有利于发挥其专业技能，提升企业的决策效率和质量，

① Huang L J, Snell R S. Turnaround, Corruption and Mediocrity: Leadership and Governance in Three State Owned Enterprises in Mainland China [J]. Journal of Business Ethics, 2003, 43: 111-124.

② Chen C J P, Ding Y, Kim C. High-level Politically Connected Firms, Corruption, and Analyst Forecast Accuracy Around the World [J]. Journal of International Business Studies, 2010, 41: 1505-1524.

③ Watson S, Hirsch R. The Link Between Corporate Governance and Corruption in New Zealand [J]. New Zealand Universities Law Review, 2010, 24 (1): 42.

④ Osuji O. Fluidity of Regulation-CSR Nexus: The Multinational Corporate Corruption Example [J]. Journal of Business Ethics, 2011, 103 (1): 31-57.

⑤ Aghion P, Tirole J. Formal and Real Authority in Organizations [J]. Journal of Political Economy, 1997, 105 (1): 1-29.

但是，也可能会诱发权力寻租与腐败行为（Eric，2010）[①]。获得权力的企业高管可能利用其控制权地位攫取私利，侵害投资者利益，如关联交易、构建商业帝国、奢靡消费，甚至是赤裸裸的贪污受贿和财产侵占等（Hart，2001）[②]。

洪（2008）指出，中国的国有企业普遍存在“小金库”现象，它往往是为了支付高管超额佣金、建立和维系高管私人网络关系，甚至是为了满足奢靡消费等特定目的而建立的账外账。[③]

拉詹和伍尔夫（2006）[④]、耶马克（2006）[⑤] 等的研究发现，上市公司高管权力强度越大，他们利用奢靡在职消费方式实施权力寻租的现象就越严重。

亚当斯等（2005）运用《财富》美国500强企业的经验数据总结得出，CEO（首席执行官）权力强度与高管薪酬水平之间显著正相关，从而支持了“管理层自定薪酬”的观点。[⑥]

奥勒和奥尔森（2010）的研究还发现，CEO权力强度越大的企业越有可能出现商业帝国构建倾向，他们常常为了谋求管理层私利而实施有损投资者利益的非关联并购。[⑦]

许多经验证据表明，随着企业管理层权力强度增加，他们更有动

---

① Eric V S. Disagreement and the Allocation of Control [J]. The Journal of Law, Economics, & Organization, 2010, 26 (2): 385-426.

② Hart O. Financial Contracting [J]. Journal of Economic Literature, 2001, 39 (4): 1079-1100.

③ Hung H. Normalized Collective Corruption in a Transitional Economy: Small Treasuries in Large Chinese Enterprises [J]. Journal of Business Ethics, 2008, 79: 69-83.

④ Rajan R G, Wulf J. Are Perks Purely Managerial Excess? [J]. Journal of Financial Economics, 2006, 79 (1): 1-33.

⑤ Yermack D. Flights of Fancy: Corporate Jets, CEO Perquisites, and Inferior Shareholder Returns [J]. Journal of Financial Economics, 2006, 80 (1): 211-242.

⑥ Adams Renee B, etc. Powerful CEOs and Their Impact on Corporate Performance [J]. The Review of Financial Studies, 2005, 18 (4): 1403-1432.

⑦ Oler D, Olson B, Skousen C J. Governance, CEO Power, and Acquisitions [J]. Corporate Ownership and Control, 2010, 7 (3): 430-447.

机和能力去实施关联交易（Bolton 等，2006）[①]、构建商业帝国（Oler 和 Olson，2010）[②]、谋取超额薪酬（Adams 等，2005）[③]。

关于企业高管腐败的原因，詹森和迈克林（2019）认为：代理理论将国企高管视为代理人，而最高级别的政府被视为委托人。在信息不对称的情况下，由于外部所有者（委托人）无法跟踪监督经营者（代理人）的行为，经营者可能会偏离股东财富最大化的目标，而选择实现自身利益最大化的经营决策，由此会产生道德风险问题，增加代理成本。[④] 施莱费尔和维什尼（1993）也有类似的观点。[⑤] 毛罗（1995）认为，寻租的过程会阻碍有效生产方式的实施，抑制地区经济增长。[⑥]

关于在职消费研究，蔡等（2011）采用最容易操纵的招待费和差旅费作为研究腐败的对象，把我国公司招待费和差旅费（entertainment and travel costs，ETC）作为腐败的衡量标准，发现 ETC 包括了向政府官员行贿的贿金、为了得到更低税率而交的“保护费”、高管的超额消费和正常的商业活动经费。[⑦]

关于企业内部控制对管理层权力诱致腐败的影响，达米阿那等（2004）认为，用制度来抑制腐败得到了广泛的认可。制度越完善，

---

① Bolton P, Scheinkman J, Xiong W. Executive Compensation and Short-Termist Behaviour in Speculative Markets [J]. The Review of Economic Studies, 2006, 73 (3): 577-610.

② Oler D, Olson B, Skousen C J. Governance, CEO Power, and Acquisitions [J]. Corporate Ownership and Control, 2010, 7 (3): 430-447.

③ Adams R B, Almeida H, Ferreira D. Powerful CEOs and Their Impact on Corporate Performance [J]. The Review of Financial Studies, 2005, 18 (4): 1403-1432.

④ Jensen M C, Meckling W H. Theory of the Firm: Managerial Behavior, Agency Costs and Ownership Structure [M] //Corporate governance. Gower, 2019: 77-132.

⑤ Shleifer A, Vishny R W. Corruption [J]. The Quarterly Journal of Economics, 1993, 108 (3): 599-617.

⑥ Mauro P. Corruption and growth [J]. The Quarterly Journal of Economics, 1995, 110 (3): 681-712.

⑦ Cai H, Fang H, Xu L C. Eat, Drink, Firms, Government: An Investigation of Corruption from the Entertainment and Travel Costs of Chinese firms [J]. The Journal of Law and Economics, 2011, 54 (1): 55-78.

腐败的机会越少。[①]

在国外，SOX（萨班斯-奥克斯利）法案的支持者认为，SOX法案会提高公司透明度、改善公司治理及信息披露，从而减少内部人员的不当行为、在职消费和管理不善（Hochberg等，2009）。[②] 当内部控制失效的时候，因为没有正式的政策和程序的限制，管理层对会计估计和方法的选择有更多的自由裁量权（Hogan和Wilkins，2008），[③] 管理层对外披露的财务报告的可靠性会下降，内部人相对于外部人会掌握更多更准确的私有信息，因此内部人如果交易自己所持有的公司股票更可能获利（Skaife等，2013）。[④]

耶马克（2006）研究了公司商务机的使用，发现高管的高尔夫爱好和商务机的私人使用呈显著正相关，尤其是当该高尔夫俱乐部和公司总部距离过远时。[⑤]

洪（2008）指出，在中国大的私有企业和国有企业中，普遍存在账外设立“小金库”的现象，其目的往往是支付高管超额奖金，满足其奢靡消费以及建立和维持私人关系。[⑥]

詹森和迈克林（2019）认为，根据最优契约理论，可以通过有效的契约安排将高管的薪酬和股东财富紧密联系起来，以激励高管基于股东利益而行事。高管的额外津贴是对股东财富的掠夺，他们推

---

① Damania R，Fredriksson P G，Mani M. The Persistence of Corruption and Regulatory Compliance Failures：Theory and Evidence［J］. Public Choice，2004，121（3-4）：363-390.

② Hochberg Y V，Sapienza P，Vissing-Jørgensen A. A Lobbying Approach to Evaluating the Sarbanes-Oxley Act of 2002［J］. Journal of Accounting Research，2009，47（2）：519-583.

③ Hogan C E，Wilkins M S. Evidence on the Audit Risk Model：Do Auditors Increase Audit Fees in the Presence of Internal Control Deficiencies？［J］. Contemporary Accounting Research，2008，25（1）：219-242.

④ Skaife H A，Veenman D，Wangerin D. Internal Control over Financial Reporting and Managerial Rent Extraction：Evidence from the Profitability of Insider Trading［J］. Journal of Accounting and Economics，2013，55（1）：91-110.

⑤ Yermack D. Flights of Fancy：Corporate Jets，CEO Perquisites，and Inferior Shareholder Returns［J］. Journal of Financial Economics，2006，80（1）：211-242.

⑥ Hung H. Normalized Collective Corruption in a Transitional Economy：Small Treasuries in Large Chinese Enterprises［J］. Journal of Business Ethics，2008，79：69-83.

测额外津贴将会随着高管的持股增加而下降。[①]

法马（1980）认为高管的额外津贴是其工资或其他报酬下降后董事会对高管的一种补偿。[②] 但是实证结果并不支持法马的推断（Yermack，2006）[③]。

别布丘克和弗里德（2002，2003）的管理层权力理论认为管理层有能力和动机运用权力进行寻租，影响甚至操纵自己的薪酬。[④]

（4）关于企业反腐败研究。

国外关于企业反腐败方面的文献和成果较早发表在20世纪70年代。随后，当一批美国跨国公司的不道德行为被暴露之后，关于公司道德守则和反腐败的方案的制定引起一大批研究者关注。20世纪八九十年代研究成果越来越多。[⑤] 大多数研究者都从企业伦理文化和企业道德遵守等角度研究公司的诚信问题和反腐败问题。

贝伦贝姆（1999）提出三条方案来保证企业诚信文化和反腐败措施的顺利实施：容纳不同的习俗和文化、对雇员和公司的绝对忠诚以及对产品的质量予以承诺。[⑥]

爱德华指出，美国早在1979年就开始探讨公司操守自律问题，并且研究企业在实践及制定纪律细则方面的情形。[⑦]

① Jensen M C，Meckling W H. Theory of the Firm：Managerial BehAvior，Agency Costs and Ownership Structure［M］//Corporate Governance. Gower，2019：77-132.

② Fama E F. Agency Problems and the Theory of the Firm［J］. Journal of Political Economy，1980，88（2）：288-307.

③ Yermack D. Flights of Fancy：Corporate Jets，CEO Perquisites，and Inferior Shareholder Returns［J］. Journal of Financial Economics，2006，80（1）：211-242.

④ Bebchuk L A，Fried J，Walker D. Managerial Power and Rent Extraction in the Design of Executive Compensation［J］. University of Chicago Law Review，2002，69（3）：751-846. Bebchuk L A，Fried J M. Executive Compensation as an Agency Problem［J］. Journal of Economic Perspectives，2003，17（3）：71-92.

⑤ Ronald B. Ethics in the Global Workplace：Corporate Codes and Combating Corruption［C］. The Conference Board Delivered to the 9th International Anti-Corruption Conference，1999.

⑥ Berenbeim R. Cutting off the Supply Side of Bribes：Being Against Corruption is more Difficult than you Think［J］. Vital Speeches of the Day，1999，65（13）：408.

⑦ Gary Edwards. Beyond the Code—the Implementation of Corporate Ethics［J］. 管理有道，1995（2）.

斯图尔特·吉尔曼指出，腐败现象虽然能在内在规章制度下得到遏止，集中灌输廉洁的思想则是长久之策。他认为，促进廉洁的方法包括奖励道德行为、动态伦理守则以及有效的伦理管理。[①]

杰瑞米·波普在其所著作的《制约腐败：建构国家廉政体系》(*Confronting corruption*：*The Elements of a National Integrity System*) 中认为，公司的反腐败最佳实践方法要求企业一定要做到：在企业的行为规范中列入具体的反腐败内容，让新老雇员都明白哪些是一定要遵守的。同时，促使企业上层管理者积极查看企业行为规范的具体实施效果，鼓励其他跨国团体管理层把强制性的反腐败条款列入行为规范等。[②]

安德鲁认为，从2001年安然公司丑闻事件曝光后，贝塔斯曼公司采用了美国公司行为规范。贝塔斯曼公司为了有效实施保证规范，同时成立了一个伦理操守部，伦理操守部的职责就是进行伦理操守培训。

桑托尼亚认为，企业的无价财富包含诚信，所以，企业必须尽可能透明、公开、公正。麦当劳努力的目标也就是透明、公开、公正。在公司发展过程中，为了和顾客以及各个地区建立良好信任关系，公司召开董事会议，发布政策报告、年度报告和季度利润报告等。公司的每一个员工都涉及伦理道德规范，特殊的伦理守则主要用于约束公司的高层管理者。[③]

此外，也有学者关注反腐败与经济发展的关系。代表性的观点有以下几种。

---

① Stuart Gilman. the Bottom Line is Integrity [EB/OL]. http://www. ethics, org/erc - publications/staff-articles. asp.

② 波普. 制约腐败：建构国家廉政体系 [M]. 清华大学公共管理学院廉政研究室，译. 北京：中国方正出版社，2000：211.

③ Farmer，Richard T. Corporate Culture Defines a Company and its Future [J]. Mid-American Journal of Business，2005：7-11.

墨菲（1991）[①]、埃利希等（1999）[②]都认为，腐败会通过加剧资源错配等方式阻碍经济的增长。

蒙特等（2001）认为，减少外商直接投资会阻碍经济的增长。[③]

克里特戈德（1991）认为，腐败有损于经济发展：第一，腐败会扰乱市场资源配置，扭曲资源配置，不利于经济正常发展；第二，腐败行为并没有像其他学者认为的那样可以提升政府官员的工作积极性，也没有提高他们的工作效率，因此腐败也未节约企业业务办理成本。[④]

范等（2014）发现，1996—2007年，当反腐败切断了企业与政府官员的联系时，与涉及腐败丑闻的政府高官相关联的企业的财务报告质量显著上升。[⑤]

而阿斯莫格鲁（1995）通过构建理论模型证明了腐败和“寻租”行为可能会降低企业投资的边际生产率和收益率。[⑥]

毛罗（1995）则以1980—1983年67个国家的数据为研究样本，结果发现腐败会降低投资，从而阻碍经济增长。[⑦]

魏等（2000）通过对57个国家双边投资的实证研究发现，东道国腐败程度的上升会导致外国直接投资的减少，从而影响经济发展。[⑧]

---

① Murphy K M, Shleifer A, Vishny R W. The Allocation of Talent: Implications for Growth [J]. The Quarterly Journal of Economics, 1991, 106 (2): 503-530.

② Ehrlich I, Lui F T. Bureaucratic Corruption and Endogenous Economic Growth [J]. Journal of Political Economy, 1999, 107 (6): 270-293.

③ Del Monte A, Papagni E. Public Expenditure, Corruption, and Economic Growth: The Case of Italy [J]. European Journal of Political Economy, 2001, 17 (1): 1-16.

④ Klitgaard R. Controlling Corruption [M]. Berkeley: University of California Press, 1991.

⑤ Fan J P H, Guan F, Li Z, etc. Relationship Networks and Earnings Informativeness: Evidence from Corruption Cases [J]. Journal of Business Finance & Accounting, 2014, 41 (7-8): 831-866.

⑥ Acemoglu D. Reward Structures and the Allocation of Talent [J]. European Economic Review, 1995, 39 (1): 17-33.

⑦ Mauro P. Corruption and Growth [J]. The Quarterly Journal of Economics, 1995, 110 (3): 681-712.

⑧ Wei S J, Shleifer A. Local Corruption and Global Capital flows [J]. Brookings Papers on Economic Activity, 2000 (2): 303-354.

艾特等（2008）以1995—2000年71个国家为样本进行研究，结果发现，在高制度质量的管理体制下，腐败对经济增长有显著的负面影响，而在低制度质量的管理体制下，腐败对经济增长没有显著影响。①

也有学者指出，反腐败有利于投资。如：法西奥（2007，2010）认为，较高的反腐败力度削弱了政府官员对于企业经营活动的干预，企业可以根据自身的投资战略和所处的投资环境对投资项目进行评估选择，而不必为了取得或维持政治关联，以牺牲企业自身的利益为代价进行次优项目的投资。② 张等（2012）指出，反腐败压制了官僚主义对企业的“寻租”行为，企业获得投资项目的成本降低，投资效率提高。③

从企业寻租来看，约翰逊（2000）④、斯文森（2005）⑤ 的研究表明，企业寻租加剧了官员的腐败程度。另外，在市场竞争方面，埃德斯（1999）等的研究发现，市场竞争程度与腐败呈负相关关系，且越垄断的市场环境，腐败则越容易发生。⑥

有研究主要集中在管理者的个人特征，尤其是道德水平等方面

① Aidt T, Dutta J, Sena V. Governance Regimes, Corruption and Growth: Theory and Evidence [J]. Journal of Comparative Economics, 2008, 36 (2): 195-220.

② Faccio M. The Characteristics of Politically Connected Firms [D]. West Lafayette: Purdue University, 2007. Faccio M. Differences Between Politically Connected and Non-connected Firms: A Cross-country Analysis [J]. Financial Management, 2010, 39 (3): 905-928.

③ Cheung Y L, Rau P R, Stouraitis A. How Much do Firms Pay as Bribes and What Benefits Do they Get? Evidence from Corruption Cases Worldwide [R]. National Bureau of Economic Research, 2012.

④ Johnson S, Kaufmann D, McMillan J, etc. Why Do Firms Hide? Bribes and Unofficial Activity after Communism [J]. Journal of Public Economics, 2000, 76 (3): 495-520.

⑤ Svensson J. Eight Questions About Corruption [J]. Journal of Economic Perspectives, 2005, 19 (3): 19-42.

⑥ Ades A, Di Tella R. Rents, Competition, and Corruption [J]. American Economic Review, 1999, 89 (4): 982-993.

来研究其腐败动机。例如，皮尔斯（2008）[①] 的研究结果表明，高管的道德水平越高，职业责任感越强，发生腐败的概率越小。此外，拉马等（2012）[②] 采用2002—2005年世界银行企业的调查数据，作为实证检验高管腐败与性别之间关系的样本，结果发现，当企业的实际控制者是男性时，腐败就更容易产生。

更多观点认为，企业高管腐败的产生更多的原因是公司内部治理机制的失效。沃森和赫希（2010）[③] 以公司治理为切入点对新西兰企业存在的高管腐败问题进行分析，发现公司治理结构的缺陷和不合理的内部组织结构是高管腐败的主要诱导因素。

芬克尔斯坦（1990）也做了相关研究，并以高管任期、两职合一、G指数以及董事会独立性作为衡量高管权力的指标，结果同样表明管理层权力越集中，企业高管就越容易发生获取高额薪酬的腐败行为。[④]

亚当斯等（2005）从高管薪酬、管理层权力角度进行实证研究，结果表明管理层权力越集中，高管获取高额薪酬的腐败行为就越严重。这是因为在不健全的公司治理结构下，对高管约束越不力，管理层自我决定工资的可能性就越高，腐败行为产生的概率越大。因此，要防治高管腐败，企业内部组织结构和公司治理结构就应该合理化。[⑤]

高管腐败既是企业高管权力寻租与利益攫取的私欲使然，也是

① Pearce C L, Manz C C, Sims J H P. The Roles of Vertical and Shared Leadership in the Enactment of Executive Corruption: Implications for Research and Practice [J]. The Leadership Quarterly, 2008, 19 (3): 353-359.

② Rama, M. Corporate Governance and Corruption: Ethical Dilemmas of Asian Business Groups [J]. Journal of Business Ethics, 2012, 109: 501-519.

③ Watson S, Hirsch R. The Link Between Corporate Governance and Corruption in New Zealand [J]. New Zealand Universities Law Review, 2010, 24 (1): 42.

④ Finkelstein S, Hambrick D C. Top-management-team Tenure and Organizational Outcomes: The Moderating Role of Managerial Discretion [J]. Administrative Science Quarterly, 1990: 484-503.

⑤ Adams R B, Almeida H, Ferreira D. Powerful CEOs and Their Impact on Corporate Performance [J]. The Review of Financial Studies, 2005, 18 (4): 1403-1432.

公司治理水平低下的直接表现（Yalamov 和 Belev，2011）。亚拉莫夫和贝列夫（2011）的研究也指出，企业产生高管腐败的主要因素有管理层权责失衡、财务信息透明度低以及高管权力的高度集中。

不健康的企业文化和商业环境也会导致高管腐败（Levendis 和 Waters，2009①；Watson 和 Hirsch，2010②）。同时，企业的发展也是造成企业高管腐败的影响因素，过了成熟期以后的企业，发展会遇到更多的瓶颈，此时，高管腐败动机就会越明显（Jensen，1993）。③

有研究从政治制度、经济发展水平、市场竞争以及法律环境等方面对企业高管腐败的产生进行分析。

从经济发展的角度来看，埃德斯和迪特拉（1999）的研究发现，市场的合理竞争以及明确各参与者的权力，可以有效地遏制腐败。④

在法律环境层面，建立健全有效的法律制度可以大大降低腐败的发生率（Ali 和 Isse，2003）。⑤

在政府干预与企业高管腐败层面的研究中，学者们普遍的研究结果显示政府管制会促使高管腐败行为的产生。

柯林斯等（2004）基于印度的 341 份企业高管调查问卷的实证检验也表明，当企业的经营活动受到政府干预，腐败就会随之而来；且随着政府干预程度的加大，公司便将积极加强与政府官员的联系，以获得生存和竞争优势，从而增加腐败的可能性。⑥

---

① Levendis J，Waters G. Corporate Corruption and Chaos：A Formal Recursive Model［J］. International Journal of Business and Management Science，2009，2（2）：177-192.

② Watson S，Hirsch R. The Link Between Corporate Governance and Corruption in New Zealand［J］. New Zealand Universities Law Review，2010，24（1）：42.

③ Jensen M C. The Modern Industrial Revolution，Exit，and the Failure of Internal Control Systems［J］. The Journal of Finance，1993，48（3）：831-880.

④ Ades A，Di Tella R. Rents，Competition，and Corruption［J］. American Economic Review，1999，89（4）：982-993.

⑤ Ali A M，Isse H S. Determinants of Economic Corruption：A Cross-country Comparison［J］. Cato Journal，2003，22（3）：449-466.

⑥ Collins J，Uhlenbruck K. How Firms Respond to Government Corruption：Insights for India［C］//Academy of Management Proceedings. Briarcliff Manor，NY 10510：Academy of Management，2004（1）：A1-A6.

此外，科特拉（2012）的研究也表明，企业腐败与该地区的产业政策和政府监管程度有关。这是因为政府监管的存在，企业一些经营活动受到限制，需要经过政府有关部门的审批，这便为企业提供了寻租的空间，进而诱发了高管人员的腐败行为。①

（二）国内研究综述

关于国有企业反腐败及反腐败立法的研究，笔者近年来一直在追踪研究，总体来说，相关的研究成果不少，也有一些高水平的论文、著作、调研报告陆续问世，但研究的深度、广度等还有待加强。

兹以2022年9月5日查找资料为例，笔者在“超星发现”（包含知网、万方、维普等数据库）以“国有企业”为关键词，搜索到1945150条结果，其中图书7574部、期刊论文762557篇、报纸论文255271篇、学位论文87955篇、会议论文11979篇、报告135997篇、法律法规51818部。

以“国有企业腐败与反腐败”为关键词，搜索到8114条结果，其中图书24部、期刊论文3342篇、报纸论文368篇、学位论文371篇、会议论文40篇、报告1282篇、法律法规95部。

以“国有企业反腐败立法”为关键词，搜索到1066条结果。从时间跨度来看，从1949—1999年，相关研究有32条结果。2011—2018年，每年的结果在28—95条之间波动。2019年有144条结果，2020年有145条结果，2021年有124条结果，2022年1—9月有14条结果。在全部1066条结果中，图书3部、期刊论文192篇、报纸论文20篇、学位论文78篇、会议论文2篇、报告321篇、法律法规14部。但仔细查阅结果，发现有3部图书不是国有企业反腐败立法的专著：《反腐败国际合作与腐败的法律治理》（王秀梅编，中国人民公安大学出版社2021

① Kotera G, Okada K, Samreth S. Government Size, Democracy, and Corruption: An Empirical Investigation [J]. Economic Modelling, 2012, 29 (6): 2340-2348.

年版)、《国企纪律审查实战方略》(胡乃民著，中国方正出版社 2016 年版)、《国有企业党风廉政建设与反腐败工作必读法规》(法律出版社 2015 年版)。与“国有企业反腐败立法”相关的期刊论文也仅仅 30 余篇(1998—2022 年)，学位论文 17 篇(2011—2019 年)、会议论文 2 篇。

百度学术、谷歌学术等所展示的学界在本专题的研究情况大体相当。

笔者根据有限的研究文献与研究视野，试做一初步概览。

客观地说，除了笔者在《检察日报》发表的 2 篇专论外，专门研究国资国企反腐败立法的成果尚不多见，故此，国内的专题综述以“国资国企反腐败研究”为中心。但由于已有不少学术论文、论著，以及学位论文对国有企业的反腐败专题做了大致的综述，笔者不准备重复。在这里，只强调近年来比较突出的、有代表性的学者和观点。

1. 关于国有企业概念的界定

国内最早对国有企业给出定义的是于光远。1992 年，他在其主编的《经济大辞典——政治经济学卷》中界定国有企业是“指生产资料归社会主义国家所有而把经营权委托给经营者的全民所有制企业”①。

凌丹、汪朝阳(2003)在《对我国国企的再定义——用“国资企业”代替“国有企业”的必然性研究》中指出，随着我国加入 WTO 和国企改革的进一步深入，已沿用了近十年的“国有企业”的定义已经表现出明显的局限性，建议用“国资企业”代替“国有企业”来重新定义国企。②

诸迟康(2005)在“中国制度经济学年会(2005)”上宣读了其会议论文《国有企业的定义》。他指出，在我国，国有企业是指政

① 于光远. 经济大辞典：政治经济学卷［M］. 上海：上海辞书出版社，1992：65.

② 凌丹，汪朝阳. 对我国国企的再定义：用“国资企业”代替“国有企业”的必然性研究［J］. 科学学与科学技术管理，2003(4)：107-108.

府企业，这是一种错误的说法。对于国有企业而言，其准确含义应当是主权者的企业。①

也有一些学者从历史变迁的角度，解析国有企业的概念，如：石涛（2019）在《中国国有企业改革70年的历史回眸和启示》中提到“国营企业”到“国有企业”概念的变化，从中总结出国有企业发展的逻辑与启示，那就是：“新中国成立70年来，国有企业先后经历了逐步建立巩固阶段、局部改革探索阶段、整体性改革创新阶段和新时代系统化分类改革阶段”，“70年的改革历程表明，始终坚持解放思想，才能够顺利推进国有企业改革持续深化；始终从基本国情出发来推进改革，才能够确保国有企业改革取得实效；始终围绕基本经济制度推进改革，才能够确保国有企业改革正确方向；始终坚持‘两个一以贯之’原则，是国有企业改革需要遵循的基本原则”。② 王忠明（2009）在《60年国企变迁回瞻》中也提到“国营企业”到“国有企业”概念的变化，从中得出了一些结论：“当国有企业走过了60年漫长路程、经历了30年改革风雨，我们的思想、我们的认识如果还停留在试图再回过头来证明‘国有企业是完全能够搞好的’，难道还谈得上与时俱进吗?”“值得预期的是，在未竟的国企改革探索中，或许混合所有制能够杀出一条真正的生路来。因为从国际经验来看，混合所有制已是现代市场经济发展的一种必然趋势。”③

近年来，有学者开始关注区域贸易协定中的国有企业概念，如：余烨（2017）在《TPP国有企业的定义对中国国企分类改革的启示》中指出，提高企业合规性等改革与TPP（跨太平洋伙伴关系协定）竞争中立规则的适用性成为中国推进国有企业混合所有制改革需要关注的重要问题。他对TPP第17章归纳TPP国企界定的标准，并结

① 诸迟康. 国有企业的定义［C］//2005中国制度经济学年会精选论文（第二部分），2005.

② 石涛. 中国国有企业改革70年的历史回眸和启示［J］. 湖湘论坛，2019（5）：15-26.

③ 王忠明. 60年国企变迁回瞻［J］. 上海国资，2009（10）：56-59.

合国企分类改革的相关政策性文件，分析 TPP 国企定义对国企分类改革的启示。① 又如陈瑶（2021）在《质疑与反思：区域贸易协定中的国有企业定义》中认为，当前区域贸易协定中国有企业定义缺乏确定性与可预期性，不仅使规制效果大打折扣，而且易引发争议。以“政府对企业的所有权”来界定国有企业与当前法学理论发展的方向并不相符，值得反思。②

2. 关于国外国有企业的相关研究

新加坡淡马锡公司是新加坡财政部的全资国有控股公司，是全球国有企业的成功典范。不少论文以淡马锡公司为题进行研究，希望能从中得到启发。如：薛萌、俞雅玲、郭斌（2020）在《新加坡“淡马锡模式”对我国国企改革的启示》中通过对“淡马锡模式”的特点进行分析，提出适用于我国国有企业改革的建议，借以帮助加速我国国企改革进程，增强国有企业活力。③ 万元（2016）在《我国国有企业及资产管理改革探析——新加坡“淡马锡模式”的启示》一文中也谈了类似的观点。④ 关林（2018）则以新加坡治理国企为例，分析新加坡是如何攻克国有企业的管理这道世界性的难题的。⑤ 王春晖（2016）的《新加坡“淡马锡”模式对我国国有企业改革的借鉴》也是这一类的论文。⑥ 类似的论文还有姚云贵、吴崇伯（2022）所著的《新加坡国有企业改革及其对中国的启示》⑦，李雪君（2016）所

① 余烨. TPP 国有企业的定义对中国国企分类改革的启示［J］. 长安大学学报（社会科学版），2017（4）：86-94.

② 陈瑶. 质疑与反思：区域贸易协定中的国有企业定义［J］. 上海商学院学报，2021（2）：110-120.

③ 薛萌，俞雅玲，郭斌. 新加坡“淡马锡模式”对我国国企改革的启示［J］. 管理观察，2020（13）：11-12.

④ 万元. 我国国有企业及资产管理改革探析：新加坡“淡马锡模式”的启示［J］. 上海建桥学院学报，2016（2）：27-32.

⑤ 关林. 新加坡治理国企的启示［J］. 创造，2018（12）：77-78.

⑥ 王春晖. 新加坡“淡马锡”模式对我国国有企业改革的借鉴［J］. 通信世界，2016（15）：11.

⑦ 姚云贵，吴崇伯. 新加坡国有企业改革及其对中国的启示［J］. 广西社会科学，2022（5）：49-60.

著的《新加坡国有企业的管理模式研究》①。

美国国有企业具有上百年的发展史。在联邦政府、州政府层面上，美国均存在一定数量、规模的国有企业。美国管理和监督国有企业也有较长的历史。因而，不少学者对美国国有企业的研究兴趣很浓，因为梳理和总结美国国有企业改革的经验、教训，对中国的国企改革和发展，具有重要意义。概括而言，对美国及欧洲国家国有企业的研究，主要有徐孝新（2019）的专著《美国国有企业监管制度研究》②，赵世萍（2017）的《美国、英国国有企业改革对我国的启示》③ 等。此外，刘瑛（2016）在《美国审计署对国有企业审计的情况及特点》一文中介绍了美国国有企业监管概况及美国审计署对国有企业的审计情况，总结了美国国有企业审计的特点，以及对我国审计机关开展国有企业审计监督的启示和借鉴作用。④

3. 国有企业（公司）治理

与国外研究相比，国内的相关研究起步较晚，大约从 20 世纪 90 年代初才开始，首先是经济学界对国有企业公司治理进行专题引介与研究。如，张维迎（1994）、吴敬琏（1994）、刘伟（1994）等首先提出要在国有企业改革中借鉴和吸收当代公司治理理论。自此，理论界开始对公司治理进行大量研究。

（1）关于公司治理概念的界定。

国内学者对于公司治理的内涵有不同的看法。吴敬琏（1994）、费方域（1996）、林毅夫（1995）等许多学者分别提出了自己的观点。由于理论视角的不同，他们对公司治理内涵的理解也不相一致，比如有的学者将 corporate governance 理解为“公司治理结构”，有的

① 李雪君. 新加坡国有企业的管理模式研究［D］. 上海：上海师范大学，2016.

② 徐孝新. 美国国有企业监管制度研究［M］. 北京：经济科学出版社，2019.

③ 赵世萍. 美国、英国国有企业改革对我国的启示［J］. 当代经济，2017（32）：6-7.

④ 刘瑛. 美国审计署对国有企业审计的情况及特点［J］. 人大复印报刊资料（审计文摘），2016（10）：133-134.

则理解为“公司治理”。

（2）关于国有企业“内部人控制”的研究。

张维迎等人（1996）认为，国有企业产权委托-代理链条过长，是导致国有资本所有者代表的监督激励不足，企业经营者缺乏约束，造成国有企业“内部人控制”的重要原因。因此，国有企业的主要问题是产权问题。林毅夫等（1997）认为，国有企业问题产生的根源在于缺乏充分竞争的外部环境。因此，建立公平竞争的市场环境无疑是解决“内部人控制”和建立有效的公司治理机制的客观要求。钱颖一等（1995）认为，应实行银行机构治理机制，有效地解决“内部人控制”问题。陈佳贵、黄群慧（1999）则认为，从长远制度设计考虑，建立有效的国有企业高层管理人员的激励约束机制，通过完善的市场竞争机制和荣誉效应的综合作用，对提高国有企业高层管理人员素质具有重要而现实的意义。

（3）关于中国公司治理准则的研究。

吴敬琏（1994）在《现代公司与企业改革》中指出，公司治理结构是现代企业制度的核心，是由所有者、董事会和高级经理人员三者组成的一种组织结构。其要旨在于明确划分所有者、董事会、高级经理人员各自的权力、责任和利益，形成三者之间的制衡关系。

张维迎（1996）在《所有制、治理结构与委托-代理关系》中认为，公司治理结构狭义地讲是指有关公司董事会的功能、结构、股东的权力等方面的制度安排，广义地讲是指有关公司控制权和剩余索取权分配的一整套法律、文化的制度性安排。

林毅夫（1997）在《充分信息与国有企业改革》中认为，公司治理结构是所有者对一个企业的经营管理和绩效进行监督和控制的一整套制度安排。

李维安（2001）在《公司治理》中指出，公司法人治理结构是由股东大会、董事会、监事会和经理组成的一种组织结构。他还借鉴国外公司治理准则，研究并制定了《中国公司治理原则（草案）》。

张孝锋、李军（2003）认为，市场主导型的英美模式与组织控制型的日德模式是西方和日本公司治理结构的两种典型模式。[①]

张维迎（2004）在《智猪博弈》中认为，在公司治理中，大股东与小股东直接表现为相反的状态：公司加强管控，小股东搭便车；如果相反就用脚投票。

鲍群、杜斌（2009）在《改革与深化》中认为，公司治理中，建立董事会是一个各种模式融合的过程，这需要长期的发展。

4. 国有企业腐败与反腐败

党的十八大以来，党中央高度重视国企改革和反腐败工作，大批国企高管涉嫌违纪违法接受组织调查，国有企业的腐败犯罪与高管腐败开始受到学界关注。围绕着内部控制、董事会规模、董事会独立性、内部晋升与薪酬管理等方面与高管腐败的关系，学界展开了深入的实证分析与学理探讨。

关于学术史方面，张国的会议论文《中国国有企业反腐败研究述评》对2001—2015年的研究文献分国有企业反腐败的重要性、国有企业腐败的表现、国有企业腐败的特征、国有企业腐败的本质、国有企业腐败产生的原因、推进国有企业反腐败的对策等方面进行了梳理，指出到目前为止，国内学界在中国国有企业反腐败的研究上已经取得了比较大的进展。但也必须指出，以下几个方面的不足之处亟待加强。其一，在目前的研究中，国有企业内部的工作人员是这一领域研究的主力军，国内的知名学者很少有人对此进行关注和研究。其二，对根治政府官员腐败问题之间的比较研究很少。其三，对重大案例的深入研究比较欠缺。其四，某一学科的有深度的研究比较少。其五，多学科的协同研究亟待加强。其六，高质量的研究成果不多，研

① 张孝锋，李军．公司治理结构的历史演进及其对国企改革的启示［J］．江西社会科学，2003（8）：119-122.

究也不够深入。[①] 这个评价应该说是中肯的。

此外，学者们普遍认为，关于国有企业的腐败研究大多集中在以下几方面。

（1）关于国有企业产生腐败的原因与机理。

柏维春、李红权（2013）在《国有企业腐败的发生机理与治理对策》一文中指出，国有企业腐败也是一种权力腐败。在国有企业腐败行为中，权力体制、企业制度、个人的主观心理是腐败行为发生的必要条件和决定性因素，社会历史文化则起到催化作用，是辅助因素。上述因素的综合作用导致国有企业领域腐败频发。国有企业腐败的发生机理如下：权力体制因素，多层级委托代理；企业制度不完善，监管缺失；主观心理因素，腐败成本收益分析；历史文化因素和不良风气催化。[②]

陈琼（2014）指出，当前国企贪腐案发生的原因有以下三方面：权力之滥用是国企腐败之根源；利益之冲突是国企腐败之诱因；机制之疲软则是国企腐败的催化剂。[③]

孙伟（2015）指出，国企腐败之根源有如下七个方面：①国有企业，尤其诸多垄断性国企掌握着过多的政府政策资源，为腐败提供了土壤；②政府尚且无法真正实现与国有企业的制度性切割，政企分开仍是美好愿景；③纪检监察系统处于政府企业中的弱势层级，囿于自身定位与企业经营的双重困境；④分权制衡状态下的第三方监督尚无法上升到制度层面，自我监督不给力；⑤党政分开、政企分开最大的困难在于现实利益阻碍的制度化突破；⑥国企腐败的惩防机制仍然处于初级阶段，尚未上升到顶层设计制度层面；⑦新形势下，国

① 张国. 中国国有企业反腐败研究述评［C］//2015 中国国有经济发展论坛：国有企业深化改革与发展学术研讨会，2015.

② 柏维春，李红权. 国有企业腐败的发生机理与治理对策［J］. 河南社会科学，2013（5）：1-5.

③ 陈琼. 加强法治化反腐败，防控国企廉政风险［J］. 经营管理者，2014（34）：251-252.

企腐败的形态更加隐蔽，现有法律法规亟须突破创新。[①]

（2）国有企业采购领域腐败。

国有企业采购与公共部门的政府采购有共同之处，但也存在一定的差异。黄玖立、李坤望（2013）在《吃喝、腐败与企业订单》中指出，与政府相比，国有企业属于生产部门，其采购范围更广、频率更高，采购中的腐败问题隐蔽性更强。因此，应加强对国有企业采购的监督，增加透明度，促进有序经营环境的形成。[②]

（3）国有企业高管腐败。

企业高管腐败在最近几年才引起学术界的关注。随着研究的深入展开，许多学者进一步将企业高管腐败的具体类型及其特征细化。

国有企业的高管具有双重身份背景，即既是企业的实际管理者，又是公职人员，一般的公司监督机制对其容易失效。黄国良等（2017）研究了中国上市公司高管腐败的案例后发现，管理层权力越大，高管的隐性腐败越严重，而高质量的内部控制和股权激励等有助于减少高管腐败行为的发生。[③] 曹伟等（2016）认为，对政治晋升预期越高，国有企业高管就会越关注晋升能否实现，其违规腐败的可能性也会相应下降，而隐性腐败的可能性则会随之上升。[④] 陈仕华等（2014）分析发现，纪检监察机关参与国有企业治理会显著减少国有企业高管的非货币性私有收益和腐败行为的发生。[⑤]

徐细雄（2012）将高管腐败划分为隐性腐败和显性腐败，前者指企业高管通过奢靡消费、超额薪酬、商业帝国构建等隐蔽且合法的

---

① 孙伟. 以“国企反腐”为契机推进“制度反腐”长效机制建设［J］. 辽宁行政学院学报，2015（3）：11-14.

② 黄玖立，李坤望. 吃喝、腐败与企业订单［J］. 经济研究，2013，48（6）：71-84.

③ 黄国良，丁月婷，吴汉英. 高管权力、股权激励与隐性腐败［J］. 经济经纬，2017，34（3）：105-110.

④ 曹伟，杨德明，赵璨. 政治晋升预期与高管腐败：来自国有上市公司的经验证据［J］. 经济学动态，2016（2）：59-77.

⑤ 陈仕华，姜广省，李维安，等. 国有企业纪委的治理参与能否抑制高管私有收益？［J］. 经济研究，2014（10）：139-151.

途径实现的利益攫取与权力寻租；后者则指企业高管为攫取私利而采取明显违反法律或监管条例的腐败行为，如贪污、受贿、职务侵占、关联交易等。①

盛宇明（2000）将腐败分成两种类型：一为政府权腐败，即一般意义上的、与政府官员的公共权力相关的违规行为；二为代理权腐败，这是与被赋予公有资源使用权的公有企业代理人的道德风险相关的违规行为。政府权腐败主要表现为受贿，明显的是以权力换取金钱和财物，而代理人直接掌握了经济资源的控制权，其主要特性表现为贪污、侵占公有资源，奢靡的在职消费。②

黄群慧（2006）将腐败行为分为腐败犯罪行为和“不正之风”行为。所谓的“不正之风”行为包括部门和行业系统性的各种以权谋私行为、公开进行奢靡性消费和挥霍浪费行为，以及个人腐化堕落的道德败坏行为。按照是否存在“利益交换”将其分为交易型腐败和非交易型腐败：交易型腐败指企业高管运用手中权力间接谋取私利的现象，如索贿受贿、敲诈勒索、接受回扣等；非交易型腐败指企业高管运用手中权力直接攫取私利的现象，如贪污、盗窃、侵占、私分、挪用、挥霍国家和公共资财等。③

高管的薪酬契约中包括了货币薪酬、股权激励和在职消费。在职消费作为降低代理成本的一项激励手段，有其存在的合理性，但是如果管理层通过各种措施获取了超出正常额度的在职消费，就成了一种腐败行为（赵璨等，2013）。④

陈信元等（2009）指出，当货币化薪酬受到政府管制时，会被迫形成多元化的、不直接以货币薪酬为依归的替代性激励源泉。在这

① 徐细雄．企业高管腐败研究前言探析［J］．外国经济与管理，2012（4）：73-80.

② 盛宇明．腐败的经济学分析［J］．经济研究，2000（5）：52-59.

③ 黄群慧．管理腐败新特征与国有企业改革新阶段［J］．中国工业经济，2006（11）：52-59.

④ 赵璨，朱锦余，曹伟．高薪能够养廉么?：来自中国国有上市公司的实证证据［J］．中国会计评论，2013（12）：491-512.

些替代性激励系统中，既包括了在职消费等隐性契约，也包括了贪污、受贿、财产侵占等赤裸裸的显性腐败。[①]

徐细雄、刘星（2013）在《放权改革、薪酬管制与企业高管腐败》一文中针对频繁发生的企业高管腐败现象，从权力寻租视角考察了企业高管权力配置与腐败行为之间的内在联系，指出CEO的权力越大，企业越有可能发生高管腐败；在其他因素不变的情形下，政府薪酬管制加速了企业高管腐败，而市场化改革则有利于缓解其所在地区上市公司的高管腐败行为。[②]

管理层腐败和官员腐败比较相似，其实质都是滥用委托权力谋取私人利益。就我国资本市场的情况来看，国有上市公司“所有者缺位”带来严重的内部人控制，董事会的有效谈判能力经常受到现实约束，同时缺乏企业家市场又使得市场声誉难起作用（权小锋等，2010）[③]。“一股独大”的股权结构可能导致企业控制权转移到管理层手中，从而为管理层权力理论的应用提供了制度基础。管理层权力的增强，意味着作为股东代理人的高管掌握了企业内部大部分的资源配置权力（张军和王祺，2004）。[④]

管理层权力理论和最优契约理论一样，其分析的起点仍然是股东和高管之间的代理问题。然而，在管理层权力理论中，薪酬没有缓和代理问题，而且具有某些特征的高管薪酬本身就是代理问题的一部分。现有的经验研究也发现，管理层权力越大，他们利用奢靡的在职消费实施权力寻租的现象越严重（卢锐等，2008[⑤]）、越有动机谋

① 陈信元，陈冬华，万华林，等. 地区差异、薪酬管制与高管腐败［J］. 管理世界，2009（11）：130-143.

② 徐细雄，刘星. 放权改革、薪酬管制与企业高管腐败［J］. 管理世界，2013（3）：119-132.

③ 权小锋，吴世农，文芳. 管理层权力、私有收益与薪酬操纵［J］. 经济研究，2010（11）：73-87.

④ 张军，王祺. 权威、企业绩效与国有企业改革［J］. 中国社会科学，2004（5）：106-116.

⑤ 卢锐，魏明海，黎文靖. 管理层权力、在职消费与产权效率：来自中国上市公司的证据［J］. 南开管理评论，2008（5）：85-92.

取超额的薪酬（权小锋等，2010[①]；卢锐，2007[②]；王克敏和王志超，2007[③]），甚至实施赤裸裸的贪污受贿等犯罪行为（徐细雄和刘星[④]，2013）。

关于内部控制对管理层权力诱致腐败的影响，万广华、吴一平(2012)[⑤] 认为加强制度建设是反腐败的根本所在。制度对代理人（官员、高管等）腐败行为的制约主要体现在以下三个方面：其一，对代理人行为的规范；其二，委托人可以参照制度对代理人的权力运行进行监督；其三，可以对各种违规违法行为进行惩戒。内部控制正是这样的制度安排。

卢锐等（2011）研究了内部控制与高管薪酬业绩敏感性之间的关系，结果发现，内部控制的实施约束了管理层的自利行为，提升了公司的业绩。[⑥]

一些学者的研究也发现，内部控制可以减轻代理问题（杨德明等，2009[⑦]；杨玉凤等，2010[⑧]）。

徐莉萍等（2006）强调，随着政府放权改革的不断深入，中国国有上市公司更多地面临管理层权力寻租风险。[⑨]

---

① 权小锋，吴世农，文芳. 管理层权力、私有收益与薪酬操纵［J］. 经济研究，2010(11)：73-87.

② 卢锐. 管理层权力、薪酬差距与绩效［J］. 南方经济，2007（7）：60-70.

③ 王克敏，王志超. 高管控制权、报酬与盈余管理：基于中国上市公司的实证研究［J］. 管理世界，2007（7）：111-119.

④ 徐细雄，刘星. 放权改革、薪酬管制与企业高管腐败［J］. 管理世界，2013（3）：119-132.

⑤ 万广华，吴一平. 制度建设与反腐败成效：基于跨期腐败程度变化的研究［J］. 管理世界，2012（4）：60-69.

⑥ 卢锐，柳建华，许宁. 内部控制、产权与高管薪酬业绩敏感性［J］. 会计研究，2011(10)：42-48.

⑦ 杨德明，林斌，王彦超. 内部控制、审计质量与代理成本［J］. 财经研究，2009(12)：40-60.

⑧ 杨玉凤，王火欣，曹琼. 内部控制信息披露质量与代理成本相关性研究：基于沪市2007 年上市公司的经验数据［J］. 审计研究，2010（1）：82-88.

⑨ 徐莉萍，辛宇，陈工孟. 控股股东的性质与公司经营绩效［J］. 世界经济，2006(10)：78-96.

杨雄胜（2005）认为内部控制是实现良好公司治理的基础，因为两权分离需要权力制衡，而内部控制是实现权力制衡的基本措施。[①]

赵璨、杨德明、曹伟（2015）在《行政权、控制权与国有企业高管腐败》中讨论了权力配置结构与国企高管腐败的关系："代理理论将国企高管视为代理人，而最高级别的政府被视为委托人。要抑制官员的腐败行为，须加强对腐败行为的监督、加大对腐败的处罚力度，还可通过一定的激励机制使代理人与委托人的利益趋于一致。""如果国有企业管理层拥有超越董事会和控股股东的绝对影响力，而公司治理机制不足以抑制高管（尤其是'一把手'）权力，则根据代理理论，高管控制权越大，越可能发生腐败行为。通常来说，政府官员的行政级别越高，其拥有的行政资源配置权就越大，而国企高管并不拥有行政资源配置权，因此行政级别越高的高管，行政权的缺失会越严重，从而可能通过其他方式（如腐败）来弥补这种权力缺失。而这些通常是通过'院内活动'（指国有企业高层管理者通过游说行政官员来获取利益的寻租活动），采取'部门立法'的形式实现的。在此过程中，公款吃喝、宴请、送礼就成为其'拉关系'的常用手段，甚至可能采用行贿的方式。根据寻租理论，国企高管的行政级别越高，越可能发生腐败行为。"[②]

逯进（2008）认为，寻租性腐败实际上是政府官员和政府以外的经济主体利用制度漏洞双向寻租的过程。这一过程通常会造成经济资源配置的扭曲，阻碍有效生产方式的实施，抑制地区经济增长。[③] 陈艳莹等（2012）也持类似的观点。[④]

---

① 杨雄胜. 内部控制理论研究新视野［J］. 会计研究，2005（7）：49-54.

② 赵璨，杨德明，曹伟. 行政权、控制权与国有企业高管腐败［J］. 财经研究，2015，41（5）：78-89.

③ 逯进. 寻租、权力腐败与社会福利［J］. 财经研究，2008（9）：122-131.

④ 陈艳莹，王二龙，程乘. 寻租、企业家才能配置和资源诅咒：基于中国省份面板数据的实证研究［J］. 财经研究，2012（6）：16-26.

寻租理论认为，腐败的根源是公共权力，腐败是政府干预经济的结果。一些实证研究在一定程度上支持了寻租理论。例如，黄玖立和李坤望（2013）研究发现，企业业务招待费是维系客户关系、贿赂政府官员的一种支出；[①] 陈冬华等（2005）发现，薪酬管制诱发了国企高管的在职消费；[②] 陈信元等（2009）则发现，薪酬管制诱发了国企高管腐败。[③]

黄玖立、李坤望（2013）认为，国企高管控制着国有企业的生产经营活动（如企业的采购、销售、招标、投标等），由于缺乏外部竞争压力和有效的内外部监管机制，国有企业在物资采购或工程招标过程中“舍贱买贵”“以次充好”的现象不胜枚举。[④]

周美华、林斌、林东杰（2016）所著的《管理层权力、内部控制与腐败治理》一文在管理层权力理论框架下，深入分析了管理层权力与腐败之间的关系，并在此基础上考察了内部控制对管理层权力诱致腐败行为的影响。他们认为，管理层权力越大，腐败越严重；内部控制质量越好，腐败越轻微，并且内部控制可以抑制管理层权力诱致的腐败。进一步研究发现，腐败损害了公司价值，而内部控制则有助于提升公司价值。[⑤]

关于市场化改革进程与企业高管腐败，万华林等（2010）的实证分析发现，企业所处地区的治理环境对交易成本具有显著影响，而减少政府干预、改善政府服务、加强法律保护等，均有利于抑制企业高管的寻租活动与非生产性支出。[⑥]

---

① 黄玖立，李坤望．吃喝、腐败与企业订单［J］．经济研究，2013（6）：71-84.

② 陈冬华，陈信元，万华林．国有企业中的薪酬管制与在职消费［J］．经济研究，2005（2）：92-102.

③ 陈信元，陈冬华，万华林，等．地区差异、薪酬管制与高管腐败［J］．管理世界，2009（11）：130-143.

④ 黄玖立，李坤望．吃喝、腐败与企业订单［J］．经济研究，2013（6）：71-84.

⑤ 周美华，林斌，林东杰．管理层权力、内部控制与腐败治理［J］．会计研究，2016（3）：56-63，96.

⑥ 万华林，陈信元．治理环境、企业寻租与交易成本：基于中国上市公司非生产性支出的经验证据［J］．经济学（季刊），2010（2）：553-570.

（三）研究述评

综上所述，国内外对国有企业反腐败立法的研究不多。现有的相关研究主要是从经济学、管理学和政治学展开，从公司法、商法等角度研究的文献也不太多（在这些文献中，要么一笔带过，要么泛泛而谈）。

加强企业反腐败，尤其是反腐败制度建设，已经成为国际社会的共识。从国际上看，以美国为代表的发达国家，在企业反腐败、廉洁文化和机制建设上，起步早、成效显著，在内容、方式方法、手段等方面，积累了大量经验。相比之下，我国国有企业反腐败，从理论到实践都存在较大差距。特别是对法治环境下企业反腐体制机制，缺乏系统、深入的研究，主要表现在以下几个方面。

第一，总体来看仍停留在研究的初级阶段。在理论研究方面，虽然已经有了一些研究成果，但是这些成果主要集中在反腐机制的具体含义、具体功能和作用等基本研究方面，缺少有理论深度的研究成果。针对国有企业开展研究的重大成果较少。

第二，理论指导性不足。对国有企业腐败和反腐败斗争的内在规律、制度构建等，缺乏理论梳理和理论确立，难以从理论上对国有企业持续深入开展反腐败斗争提供支撑和指导。同时，对一些问题的认识，已经明显落后于形势的发展。

第三，研究方法相对单一。通过对已有成果的梳理可以发现，当前，跨领域的综合性、系统性研究成果较少。研究方法和视野的局限，导致了现有成果难以实现理论的创新。

第四，当前的研究主要是针对国有企业腐败的成因及治理对策进行的一些零星研究，而专门针对国有企业深层次的权力制约、制度创新等的研究成果并不多见。特别是对十八大以后，党中央的反腐决策部署如何在国有企业领域落实缺乏系统深入的研究。

第五，针对国际业务开展有针对性的廉政和反腐败研究较少，对于央企海外经营过程中腐败的机理认识不清，对问题掌握不够全面、准确，缺乏对于海外运营有效治理的系统梳理与制度构建。特别是针对未来央企在加快“走出去”、积极落实“一带一路”国家倡议的背景下，如何实现海外业务廉洁高效运营，缺乏研究积累与理论储备。

第六，现有大多数研究成果主要集中在如何完善惩治腐败的立法。对于如何推进国有企业预防腐败的制度建设，增强执行效果，鲜有系统深入的研究。

第七，制度重建设、轻执行。现有的研究成果主要关注国有企业廉政制度的建设，对法律、运行机制等方面都有所探讨，对制度建立后执行的影响因素缺乏系统深入的研究。

国内外研究不够深入之处主要包括：权力在国有企业的配置、运行、监督等的法律问题的研究；防止利益冲突在国有企业反腐败廉洁从业制度设计中运用的研究；国有企业反腐败教育制度设计的研究；在“一带一路”建设中，国有企业应对美欧干扰破坏与境外廉洁风险防控法律对策的研究；等等。而这些不足则构成了本书研究的内生动力与研究的逻辑起点。

三、资料来源、研究方法和创新之处

（一）资料来源

通过实地调研与扎实的资料收集和整理，以及采取科学的研究方法来解决以上问题。资料来源主要有理论研究、法律文件、调研报告等三个方面。

理论研究成果的来源渠道，主要包括中国学术期刊网、百度学术、谷歌学术（英文）、外文数据库和正式出版图书。

法律文件主要集中于国内外已颁布的法律、法规、司法解释和规范性文件。国内法律文件方面，检索范围以国家法律法规数据库、全国人大网站、中央纪委国家监委网站、最高人民检察院网站为主。国外法律文件方面，检索范围主要包括相关国际组织、各国各地区政府网站。

调研报告主要为作者通过调研工作、课题研究长期积累的材料，以及搜集的相关部门的报告、总结。

（二）研究方法

本书主要采取以下三类研究方法。

（1）规范研究。

运用演绎和归纳方法，以反腐败理论和党中央十八大、十九大反腐败顶层设计为立论基础，以国有企业反腐败问题的本质特征和内在机理为逻辑，论证如何健全和完善国有企业反腐败体制机制。

（2）比较研究。

将国外的政府企业的反腐败制度进行国别比较，从制度建构的理念、内涵、效力等方面分析得失，从中找出可以为我所用的制度设计经验。

（3）多学科融合研究。

对国有企业腐败问题的研究，综合运用公司治理、国企监管、制度经济学、企业管理等多个学科领域的理论和分析方法，综合研究解决法治视域下如何持续提升国有企业反腐败能力和构建长效机制的问题。

（三）创新之处

本书的创新之处主要在以下五个方面。

一是从法治视域中全面透视和梳理国有企业的反腐败问题，聚焦权力配置、权力运行和权力监督开展体制机制创新研究。将党的十八大以来的反腐败战略部署和新思想新理念，在国有企业反腐败领域中落地，以习近平法治思想统领国有企业反腐败立法，研究国有企业反腐败制度体系的整体方案（框架）。

二是运用多学科的视角、理论与方法，结合国有企业反腐败的内在机理和特点，研究包含技术、手段在内的国有企业预防腐败的体质机制创新，提出有针对性的立法建议。同时更加关注国有企业反腐败制度的运行效力。

三是研究国有企业反腐败制度体系与能力建设问题，为引导国有企业加强预防腐败制度体系建设与提高反腐能力提供有效的理论、方法和工具支持，具有明显的原创性和重大的实用价值。

四是实现了对国有企业国内、国外预防腐败制度建设的统筹考虑，在国有企业加快"走出去"的时代背景下，研究解决强化对国际化业务依法合规运营的制度建设问题。

五是在方法论上有新的突破——多学科融合研究。对国有企业反腐败制度的创新研究，综合运用公司治理、国企监管、制度经济学、企业管理、数字技术等多个学科领域的理论和分析方法，综合研究法治视域下如何持续提升国有企业预防腐败能力，推进国有企业反腐败立法。

第一章　国有企业反腐败及反腐败立法之基础理论研究

一、支撑反腐败及反腐败立法的基础理论

所谓“制度”，是指人类行为的规范或约束规则的总称。

所谓“制度创新”，是指通过新旧的制度替代来实现社会变迁的活动过程。

理论是行动的先导。科学的理论可以给行动、制度创新提供不竭的动力。

实践基础上的反腐败创新理论是反腐败发展的先导。国有企业反腐败制度创新需要科学的理论来指引。

列宁曾说，没有革命的理论就不会有革命的运动。我们同样可以说，党的十八大以来，没有科学的反腐败理论，反腐败斗争就不会取得伟大的胜利。

改革开放四十多年的历史也证明：国有企业反腐败的进程，是一个不断把实践中的成功经验和理论上的正确认识转化和定型为反腐败制度、不断进行制度创新和完善的历史进程。

2019 年 1 月 21 日，省部级主要领导干部坚持底线思维着力防范化解重大风险专题研讨班在中央党校开班。习近平在开班式上发表重要讲话，强调要提高战略思维、历史思维、辩证思维、系统思维、

创新思维、法治思维、底线思维能力。[①] 其中，“创新思维”成为习近平近几年在不同场合讲话中提及的高频热词。所以，在新时代，创新国有企业反腐败制度，离不开“创新思维”。国有企业的反腐败斗争，必须以发展中的马克思主义为指导，必须以科学的反腐败理论为指引。

二、反腐败及反腐败立法基础理论的科学内涵

反腐败及反腐败立法理论体系的丰富，对指引反腐败斗争取得胜利作出了巨大的贡献。在新时代，反腐败基础理论仍然对国有企业的反腐败制度创新具有指引与指导作用。法治理念、思维与方式如下所述，与国有企业反腐败及反腐败立法有关的基础理论主要有如下十种。

（一）法治理念、思维与方式

我们要坚持的法治视域，就是要遵循法治的理念、思维和方式，去研究解决国有企业反腐败斗争中的体制机制问题。

1. 法治理念

现代意义上的法治，强调要根据法律治理国家，即依法治国，包括两个方面的内涵。

首先，法治就是要坚持“法律至上”，这也是现代法治的根本原则。

其次，法治的要旨和精髓在于“制约权力”和“保障权利”。要

① 央视网. 习近平为何一直重视“创新思维”［EB/OL］.（2019-01-29）［2023-10-17］. https：//baijiahao. baidu. com/s? id=1623957585751693539&wfr=spider&for=pc.

实现这两个方面，需要保障独立的司法，确保司法权的中立性，不受任何外力左右。

2. 法治思维

法治思维，是指在法治理念下，将法律作为判断处理事务的标准，要求用法律手段来解决问题、推进工作的理性思考方式。

法治思维不等同于学术界常见的法律思维，二者之间既有联系又有区别。一致之处在于，都强调根据法律来思考和处理问题，以法律规范为基准来开展逻辑判断。不同之处在于以下两个方面：一是法治思维中包含价值意义上的内容，强调以人为本，限制权力和保护权利并重；二是法律思维则更强调职业化的思维方式，为法律从业者或政府所采用，强调建章立制。与法治思维对立的则是人治思维和特权思维，后者将权力凌驾于法律之上。①

3. 法治方式

法治方式，实质上是一种强调依靠法治思维来处理和解决问题的行为方式。

法治方式，要求处理问题、做决策时，首先要找到法律依据。有明确依据的，就按照详细规定来采取处理措施。没有依据的，则要看上位法、宪法中是否存在相关原则，如果有相关原则，就根据上位法、宪法的原则办理。如果法律体系中没有与之对应的条款，则要遵循法治理念和思维来处理。②

（二）法治反腐理论

腐败的实质就是对权力的滥用。而反腐败的关键就是用法治的思维和手段有效监督和制约权力，防止利用权力获取非法利益。从这

① 姚毅奇. 用法治思维和法治方式处置群体性事件［J］. 人民论坛，2014（10）：15-17.

② 张立伟. 什么是法治思维和法治方式［N］. 学习时报，2014-03-31.

个角度讲，法治是反腐败的根本保障，法治反腐是反腐败体制创新的核心所在。①

党的十八届三中全会通过的《中共中央关于全面深化改革若干重大问题的决定》（简称《决定》）提出“建设法治中国”，“维护宪法法律权威”和“确保依法独立公正行使审判权检察权”，对我国法治反腐理论体系和实施路径进行了清晰的规划。《决定》所反映出的依法治腐的思路有以下四种。

第一，维护宪法法律权威，坚持法律面前人人平等，任何组织或者个人都不得有超越宪法法律的特权，一切违反宪法法律的行为都必须予以追究。

第二，坚持用法治思维和法治方式开展反腐败斗争，健全法规制度体系，不断提高反腐败法治化水平。《决定》提出，“健全反腐倡廉法规制度体系，完善惩治和预防腐败、防控廉政风险、防止利益冲突、领导干部报告个人有关事项、任职回避等方面法律法规”。

第三，形成科学有效的权力制约和协调机制。《决定》明确要求“规范各级党政主要领导干部职责权限，科学配置党政部门及内设机构权力和职能，明确职责定位和工作任务”。要依据职权法定原则划清权力的边界，消除权力过于集中的“总病根”，也就是在整个法律制度体系内，防止公权力蜕变为私权力。科学是指权力结构、权力配置科学合理，决策权、执行权和监督权相互分离、制约又相互协调；不仅做到结构合理、配置科学、程序严密、制约有效，给权力套上一个“制度的笼子”，还要做到权责一致、规范有序、相互协调、运行顺畅。②

第四，推行权力清单制度，让权力运行在法律的阳光下。《决

---

① 王蜜，翟久梅，金书娟. 创新反腐败领导体制和工作机制［EB/OL］.（2013-12-23）. http：//www. tddx. cn/chn201105090249417/article. jsp？articleId=9847.

② 李雪勤. 强化对权力运行的制约和监督：党的十八届三中全会有关精神解读［J］. 先锋队，2014（1）：12-15.

定》明确提出建立“权力清单制度，依法公开权力运行流程”，有利于预防腐败，特别是有利于从源头上预防腐败发生。《决定》明确提出要“完善党务、政务和各领域办事公开制度，推进决策公开、管理公开、服务公开、结果公开”。《决定》还明确提出推行领导干部，特别是新任领导干部个人事项的公开。权力清单制度是一种从根本上或者从源头上预防腐败的重要措施。“让人民监督权力，让权力在阳光下运行”，阳光是最好的防腐剂。《决定》要求信息公开，为人民行使监督权力提供条件。

（三）“不敢腐、不能腐、不想腐”的理论内涵

1. 妥善处理好了治标和治本的关系，坚持标本兼治

一揽子提出“不敢腐、不能腐、不想腐”，体现了中央坚持治标与治本结合的统筹考虑，更彰显了彻底解决腐败问题的战略决心。

党的十八大以来，针对愈演愈烈的腐败风气，党中央出重拳严惩贪腐，对贪腐分子起到了极大的震慑作用，属于“不敢腐”范畴，是治标之策。治标突出的是一个“惩”字，抓住冰山浮在水面以上的部分，通过迅速、坚决、严厉的斗争和打击，严惩腐败行为。与此同时，一系列反腐败立法得以完善，制度得以健全。这一过程，强调和突出“把权力关进笼子里”“让权力运行在阳光下”，属于“不能腐”和“不想腐”的范畴，是治本之策。治本突出的是一个“防”字，抓住冰山潜在水面以下的部分，从源头进行治理，从根本上解决问题。

治标和治本实质上是有机统一和相互联系的。通过治标，推动重点工作的完成，比如贯彻落实“中央八项规定”、反对“四风”、中央专项巡视等，可以发现存在的问题和漏洞，为治本之策的形成提供方向。同时，针对存在的问题进行整改，形成一套有效的方法，并将

之固定下来，制度化和规范化后，又可以为治本筑牢基础。①

2. 是一个逐层深入、由量变到质变的过程

从“不敢腐”到“不能腐”，进而实现“不想腐”，是一个逐层深入的过程，是一个从量变到质变的过程。

“不敢腐”是针对腐败的现象开展斗争，严惩腐败分子，抑制腐败上升的趋势。“不敢腐”可以为“不能腐”发现问题、争取时间。

“不能腐”是指通过制度的不断完善，一方面消除腐败的空间和可能性，另一方面提升廉洁从业的伦理道德觉悟和党性纪律修养。“不能腐”是实现“不想腐”的基础和必要准备。

“不想腐”是反腐败的高级阶段，是“不敢腐”“不能腐”的最高心理防线，也是实现廉洁政治和廉洁社会的最终方向与目标。

（四）权力制衡理论

权力制衡理论，起源于17、18世纪启蒙思想家洛克、孟德斯鸠的分权思想。权力制衡理论主要有两个基本理念：一是不受约束的权力，必然导致腐败；二是权力约束不能仅仅依靠道德，应该用权力去约束权力。进而，实现权力制衡主要有两个方面：一是强调均衡配置权力；二是要求对权力运行有充分的监督和制约，从而形成不同类型权力之间的相互制约关系，通过相互牵制来实现平衡。

权力制衡理论运用到公司的治理中，则表现为公司决策、实施和监督的相互制衡。结合国有企业改革而言，就是要实现规范的基本权利配置，即股东会决定董事会和监事会成员，董事会选择经营管理者，经营管理者行使人权，并形成权力机构、决策机构、监督机构以及和经营管理者之间的权力制衡机制，其核心是建立有效的激励和

① 从“不敢腐”到“不能腐”“不想腐”：专家学者谈党风廉政建设和反腐败工作［EB/OL］.（2014-12-25）. http：//theory. people. com. cn/n/2014/1225/c40531-26276171. html.

约束机制。[①]

列宁对社会主义国家权力制衡的问题，在西方分权理论基础上提出了一套权力制衡理论，主张依靠人民群众的力量，发挥人民民主权利来实现权力制约。其核心是坚持人民民主专政，通过扩大和增加人民监督和参与权力运行的渠道、方式，实现人民群众的选举权、罢免权、监督权。结合国有企业而言，就是要强化职工民主制的作用，从体制上保障群众对于干部任免的参与权。

（五）权力监督理论

马克思主义权力监督思想，是最为全面、系统、科学的权力监督体系，是社会主义国家监督体系的理论根源。列宁系统发展和创新了马克思权力监督体系，提出在苏维埃政权中，建立一种自上而下、自下而上结合的复合式监督结构，强调和突出党的监督、人民群众监督和法律监督，特别重视监督部门的独立性和权威性。[②]

党的十八大报告提出，“健全权力运行制约和监督体系”，“加强党内监督、民主监督、法律监督、舆论监督，让人民监督权力，让权力在阳光下运行”。[③] 这是我们党首次把“四个监督”作为一套完整的监督体系明确提了出来，是对马克思、列宁权力监督理论的继承、完善和创新。“四个监督”对于进一步推进社会主义民主政治建设，坚定不移反对腐败，具有重大的现实意义。对完善和提升国有企业依法反腐的能力和成效而言，具有重大的理论指导意义。

---

① 刘云．云南国有企业完善法人治理结构研究［D］．昆明：云南大学，2012：6.

② 周永坤．列宁的监督理论与中国反腐［J］．华东政法大学学报，2014（2）：67-75.

③ 焦杨．新时期传统媒体舆论监督的思考［J］．发展，2016（1）：66-67.

（六）委托-代理理论

委托-代理理论是现代公司治理的逻辑起点，该理论起源于美国。1932 年，美国人伯利和米恩斯在《现代公司与私有财产》中率先提出“委托-代理理论”。

20 世纪 60 年代末、70 年代初，经济学家们深入研究关于企业内部信息不对称和激励的问题，形成了“现代企业理论”。其中，基于委托代理关系产生的委托-代理理论是现代企业理论的重要组成部分。[①]

1973 年，罗斯在《美国经济评论》杂志发表《代理的经济理论：代理人问题》，首次提出委托-代理理论。他提出：“如果当事人双方，其中代理人一方代表委托人一方的利益行使某些决策权，则代理关系就随之产生了。”

詹森和迈克林（2019）在《厂商理论：管理行为、代理成本和所有权结构》一文中也提出了委托-代理理论。[②]

罗斯-阿克曼（2001）在“委托-代理”的框架内把“腐败”正式纳入经济学研究领域，并首次对腐败进行定量研究，认为腐败是“代理人接受的非法第三方支付的行为”。[③]与寻租理论所描绘的腐败行为结构相比，多了“委托人”这一重要因素，即代理人利用信息优势与腐败行为的隐蔽性，谋求私人利益而违背委托人的意愿。[④]

根据委托-代理理论，从不同的腐败主观倾向出发，可以将腐败

---

① 戴中亮. 委托代理理论述评［J］. 商业研究，2004（19）：98-100.

② Jensen M C，Meckling W H. Theory of the Firm：Managerial Behavior，Agency Costs and Ownership Structure［M］//Corporate governance. Gower，2019：77-132.

③ Rose-Ackerman S. Trust，honesty and corruption：Reflection on the state-building process［J］. European Journal of Sociology，2001，42（3）：526-570.

④ 南旭光. 腐败问题研究的理论回顾及展望［J］. 华东经济管理，2011（5）：133-140.

分为立法腐败和官僚腐败。[①] 其中，对立法腐败的研究有三个研究方向：一是寻找立法代理人，通过立法保护垄断地位；二是通过已有的垄断地位影响政策设计，以获取更高的利润（Kurer 等，1993[②]）；三是代理人可以完全控制立法委托人，由此最大化私人利益（Jain，1988[③]）。施莱费尔和维什尼提出了一个竞争性腐败模型，认为在一个缺乏透明度和司法有效监督的经济体系中，腐败和盗窃行为必然泛滥。[④] 在他们看来，这种腐败是一种收入再分配形式，并且在一定程度上有助于提高行政官员的效率。但是考夫曼指出，腐败比税收造成的经济扭曲更严重。[⑤]

在国有企业中，国家与国企经理、国企经理与雇员、国企所有者与注册会计师、公司股东与经理等都是委托代理关系。

委托-代理理论是股权激励的理论基础之一。股权激励是代理成本的支付方式之一，是对经营层拥有人力资本最直接的承认。[⑥] 薪酬，尤其是股权薪酬，是解决代理问题的主要手段。设计科学而合理的股权激励方案，能够有效地激励管理层为实现股东价值最大化努力。委托-代理理论对我国企业建立现代企业制度具有重要指导意义。[⑦]

委托-代理理论是高管薪酬机制研究的根基，也是管理层权力理论的重要理论基础。

---

① 南旭光. 腐败问题研究的理论回顾及展望［J］. 华东经济管理，2011（5）：133-140.

② Kurer O. Clientelism, Corruption, and the Allocation of Resources［J］. Public Choice, 1993, 77（2）：259-273.

③ Jain A K. An Agency Theoretic Explanation of Capital Flight［J］. Economics Letters, 1988, 28（1）：41-45.

④ Shleifer A, Vishny R W. Politicians and Firms［J］. The Quarterly Journal of Economics, 1994, 109（4）：995-1025.

⑤ Daniel K. Corruption: Some Myths and Facts［J］. Foreign Policy, 1997, （Summer）：114-131.

⑥ 聂志红. 股权激励的理论基础及其性质探析［J］. 现代管理科学，2008（10）：41-43.

⑦ 郑和平. 马克思主义产权学说和委托代理理论的现实意义浅析［J］. 经济问题探索，2003（3）：123-124.

（七）管理层权力理论

别布丘克和弗里德最先提出管理层权力理论，认为股东和高管本身存在代理问题，股东并不能完全控制管理层薪酬契约的设计，管理层完全可以利用手中的权力去影响自己的薪酬，而且权力越大操纵自身薪酬的能力越强。科利斯托（1991）、格里尔斯代尔和赫里巴尔（2004）发现，公司管理层在薪酬契约谈判中掌握着大部分讨价还价的能力，通过选择对己有利的薪酬结构（Brickley 等，1997；Ryan 和 Wiggins，2004）、激励条款（Carter 和 Lyrlch，2001；Chance 等，2002）获取超额回报，他们甚至会通过操纵会计信息提升自身的薪酬（Burn 和 Kedia，2005；Bebchuk 等，2011）。管理层权力扭曲薪酬制度、弱化公司治理机制得到了詹森和墨菲（2004）、多尔夫（2005）等理论分析的支持。权力和收益是密切相关的，管理者可以利用自身的权力派生收益。管理层权力理论强调，在内部人控制条件下，经理人薪酬契约的决定存在内生性，即管理层可能通过控制董事会或薪酬委员会为自己谋取高额薪酬。[1]

（八）公司治理理论

公司治理理论起源于西方经济学界，亚当·斯密在《国富论》中提出过公司管理的观点，但还不是系统的理论研究，直到 1976 年，美国学者詹森和迈克林发表了《企业理论：经理行为、代理成本和所有权结构》一文，才开启了公司治理的理论研究。20 世纪 80 年代以后，公司治理理论成了显学。

经济学家认为，公司治理是一整套控制企业投资者、经理层和对

---

① Bebchuk L A, Fried J M. Executive Compensation as an Agency Problem [J]. Journal of Economic Perspectives, 2003, 17 (3): 71-92.

企业有重大利害关系的员工之间关系的制度安排，并从这种制度安排中实现经济利益。公司治理的具体结构包括：一是如何配置和行使控制权；二是如何监督和评估董事会、经理层和员工；三是如何设计和实施激励机制。①

一般的公司治理结构是指由所有者、董事会和高级管理人员组成的组织平衡结构。依据此结构，公司的所有者将其资产提交给公司的最高决策机构——董事会，而公司的高级管理人员受雇于董事会，在董事会的领导下成立具体的执行机构，在董事会授权的范围内从事经营活动。②

公司法人治理结构指的是在资产所有权与经营控制权分离的基础上，不同组织形式的股份制企业的股东大会、董事会、监事会和经理办公会之间有关公司经营与权利的公司组织制度与运行机制，以及为了维护股东、公司债权人和社会公共利益，保证公司正常有序地运营，由法律和公司章程规定的有关公司组织机构之间权力分配与制衡的制度体系。③

公司法人治理是当前一个世界性的理论研究与实践操作课题，也是一个世界性的难题。公司治理问题之所以如此重要，原因在于良好的公司治理是现代市场经济健康运作的微观基础，不仅影响到企业和个人，也影响到国家经济的稳定和增长。④

1999 年，经合组织在其制定的《公司治理原则》中对“公司治理”作了这样的定义：“公司治理是一种据以对工商业公司进行管理和控制的体系。公司治理明确规定公司各个参与者的责任和权利分

① 钱颖一．中国的公司治理结构改革和融资改革［M］//青木昌彦，钱颖一．转轨经济中的公司治理结构：内部人控制和银行的作用．北京：中国经济出版社，1995：127．

② 吴敬琏．现代企业与企业改革［M］．天津：天津人民出版社，1994．

③ 什么是公司法人治理？［EB/OL］．（2022－12－24）．https：//www．66law．cn/laws/81534．aspx．

④ 什么是公司法人治理？［EB/OL］．（2022－12－24）．https：//www．66law．cn/laws/81534．aspx．

布，诸如董事会、经理层、股东和其他利害相关者，并且清楚地说明决策公司事务时所应遵循的规则和程序。同时，它还提供一种结构，使之用以设置公司目标，也提供了达到这些目标和监控运营的手段。”这代表了国际社会的公司治理模式与原则，值得重视。

中国特色的国有企业共治模式，来自“四位一体”的并行机制：党的领导（党纪约束）、国资管理（国资管控）、法人治理（公司法及公司章程规定的股东会、董事会和监事会规范运作）、社会监督（外部审计、中介监督、公众和人大监督等）。国有企业具有政治和经济双重属性，从国有企业的政治属性出发，通过党的纪律监督、监察监督、派驻监督、巡视监督等，保证党和国家的方针政策、重大部署等在国有企业得到贯彻执行，保证党对国有企业的政治领导，这是政治原则。国有企业的法人治理结构，主要是从国有企业作为市场竞争主体的经济属性上，维护股东的权利，合法合规运作以实现企业经营效益最大化，这是经济原则。国资监管部门对国企施行“管资本”为主的管控，是规范国企资本运作，以保证国有企业履行和实现国有资产保值增值的责任，维护资本安全，提高资本回报，更好地服务于国家战略目标的行为。对国有企业的社会监督，主要是指人民群众（以及各级人民代表大会）、社会团体、中介机构、新闻媒体等各种力量共同参与的社会监督网络，对国有资产安全以及国企社会责任等享有知情权，并对其加以外部监督。在上述“四位一体”广泛参与的机制中，各控制权主体理论上有平等的机会参与公司的重大决策，各利益相关方均享有监督权，从而形成中国特色的国企共治模式。[1]

① 王宏淼. 中国特色国有公司治理结构的典型化特征［J］. 中国发展观察，2021（24）：66-70.

（九）"寻租"理论

"寻租"理论最早萌芽于1967年美国经济学家戈登·图洛克的论文《关于税、垄断和偷窃的福利成本》。他认为，竞相通过各种疏通活动争取收入，即寻租。后来，詹姆斯·布坎南等公共选择学者做了进一步的论证。所谓"寻租"，是指设租人或寻租人通过其所掌握的稀缺资源追求价值转移的活动。例如，用较低的贿赂成本获取较高的收益或超额利润。在此基础上，布坎南提出了两个观点：一是寻租基本上是通过政治活动进行的；二是限制寻租就要限制政府。当然，利益冲突和腐败不完全等同于"寻租"，但是"寻租"理论的确有助于我们认识公职人员与利益冲突及腐败之间的内在联系，有利于消除或者遏制利益冲突和腐败的产生。

（十）企业腐败风险识别与防控理论

风险管理理论认为，风险管理的宗旨是力求把风险导致的各种不利后果减少到最低程度。1964年，美国学者威廉姆斯和汉斯在出版的《风险管理与保险》中指出，风险管理是通过对风险的识别、衡量和控制，以最小的成本使风险损失降到最低程度的管理方法。[①] 2004年，美国反欺诈财务报告委员会下属的发起组织委员会（Committee of Sponsoring Organization，简称COSO）发布了研究报告《企业风险管理整合框架》（*Enterprise Risk Management—Integrated Framework*），该报告认为风险管理包括内部环境、目标制定、事项识

① 威廉姆斯，汉斯. 风险管理与保险［M］. 陈伟，张清寿，唐石泉，等译. 北京：中国商业出版社，1990：1.

别、风险评估、风险反应、控制活动、信息沟通、监控。[①]

我们认为，有效识别、评估与防控企业腐败风险是推进国有企业反腐败及反腐败立法的关键。我们应全面收集和分析腐败风险信息，确定腐败风险可能发生的重点领域和关键环节，确定腐败风险的类别，分析评估风险的影响程度、风险等级，制定有效的风险防控制度与措施（风险信息收集—风险识别—风险评估—风险防控），并实施全程监控。

（十一）预防理论[②]

预防是指对某一事物的事先防范。近百年来，各国腐败大案层出不穷，并呈现跨国的特点。这使国际社会逐渐认识到，单靠事后惩治已远不能遏制腐败的蔓延，要应对全球性的腐败，必须注重预防，把预防放在首要的位置。[③] 由此，“预防理念”应运而生。这不单是一种观念上的转变，更是一种职能的转变。1989 年 11 月，第四届国际反贪污大会在澳大利亚悉尼召开，会议主题是“九十年代的反贪防贪战略”。大会明确指出，消除贪污、腐败要以预防为主。这说明，预防理念已经成为世界各国在反腐败问题上的共识。另一个例证是《联合国反腐败公约》中所规定的预防理念与机制。它首次在全球范

---

① COSO 发布的 *Enterprise Risk Management—Integrated Framework*，是一份具有世界影响力的风险管理报告。它是在 1992 年 *Internal Control—Integrated Framework* 的基础上，结合《萨班斯-奥克斯利法案》在报告方面的要求进行扩展研究而最终形成的。该报告对企业风险管理（ERM）的定义为：“企业风险管理是一个过程，它由一个主体的董事会、管理层和其他人员实施，应用于战略制定并贯穿于企业之中，旨在识别可能会影响主体的潜在事项，管理风险以使其在该主体的风险容量之内，并为主体目标的实现提供合理保证。”还列出了风险管理的八要素，即内部环境、目标制定、事项识别、风险评估、风险反应、控制活动、信息沟通、监控，从而为企业风险管理提供了更为具体的思路。参见：王东. 国外风险管理理论研究综述［J］. 金融发展研究，2012（2）：23.

② 聂资鲁. 防止公职人员利益冲突立法的理论与实践［J］. 中国法学，2013（6）：156-157.

③ 许道敏. 预防腐败：当今世界的共鸣音［J］. 党政干部文摘，2004（2）：16-17.

围内建立了预防和打击腐败犯罪并加强国际合作的六大机制。作为其中之一的预防机制，为预防腐败国际合作奠定了坚实的法律基础，并为各国预防腐败提供了法律指南和行动准则。[①] 它所倡导的防止利益冲突制度就是这样一种预防性制度。因为防止利益冲突是预防腐败的前提。预防理论强调关口前移，把权力关进“笼子”里，防止官员步入贪腐歧途。

三、反腐败及反腐败立法基础理论对国有企业反腐败制度创新的作用

习近平总书记强调，我们坚持和发展中国特色社会主义，必须高度重视理论的作用，增强理论自信和战略定力。这段论述极为重要，因为理论优势始终是我们党的核心优势、核心领导力。

党的十八大以来，党和国家的事业之所以发生历史性变革，反腐败斗争之所以取得压倒性胜利，一条根本经验就是以习近平同志为核心的党中央坚持理论创新和实践创新同步推进，提出了一系列治国理政和反腐倡廉的新理念新思想新战略，充分发挥了理论的引领作用。

伟大的理论创新总是社会发展变革的先导，社会发展和利益关系的调整也总是在理论创新成果的引领下实现的。

科学的理论是人们进行制度创新不可缺少的，没有理论指导的

---

① 《联合国反腐败公约》认为，预防是有效遏止腐败的基础。关于预防腐败的现代理念，《联合国反腐败公约》提倡：一是坚持政府主导和社会参与相结合；二是坚持对人（犯罪的高危人群）、行为（犯罪的高危空间）、事项（犯罪的高危因素）的全面控制；三是坚持由严密的立法、高效的司法、专业的防范形成的监督、预警、预测、预防、控制、惩治的一体化机制；四是坚持立法、司法、行政等多学科、多层次、多领域的综合预防。参见新华网.《联合国反腐败公约》将对我国反腐产生积极影响［EB/OL］.（2003-11-05）［2023-11-02］. http：//news. sina. com. cn/c/2003-11-05/19471063585s. shtml.

制度创新是盲目的行动。

我们要以发展的反腐败理论指导我们的国有企业反腐败制度创新。着力在掌握创新理论与思想武器、指导国有企业反腐败制度创新实践上下功夫，奋力把国有企业反腐败斗争事业持续向前推进。

第二章　国有企业反腐败立法的历史演进及其评估研究

进入新世纪，党和政府高度重视发挥法律法规与制度的规范和保障作用，不断推进反腐败斗争和廉政建设的法制化、规范化。一方面，以宪法为依据，制定了一系列反腐倡廉法律法规；另一方面，以《中国共产党章程》为依据，制定了一系列党内制度规定，逐步形成了内容科学、程序严密、配套完备、有效管用的反腐败和廉政建设法律法规制度体系。其中有不少关于国有企业预防腐败的内容，本章尝试进行简单的梳理与评估。

一、21世纪以来我国国有企业反腐败立法回顾

进入新世纪，党领导人民矢志不渝地开展党风廉政建设与反腐败斗争，大力抓制度建设，取得了一个又一个的重大胜利。回顾20多年来国有企业反腐倡廉建设的伟大历程和伟大经验，对我们理解与推动新时期国有企业反腐败立法，具有重要意义。

（一）“制度反腐”时期（2000—2012）：国有企业反腐败制度建设

这一时期注重国有企业从制度上反腐败。

进入新世纪，尤其是党的十六大（2002）以后，党和政府提出

坚决惩治腐败、有效预防腐败、从源头上防治腐败的方针。党的十七大（2007）把反腐倡廉建设确定为党的建设的基本任务，强调以完善惩治和预防腐败体系为重点，加强反腐倡廉建设。党风廉政建设与反腐败斗争的成效明显。

这一时期，党和政府高度重视国有企业反腐倡廉制度建设，出台的法规、政策与制度有不少内容涉及国有企业的反腐败。

关于党内法规，主要有：中共中央组织部、原中共中央企业工作委员会印发的《国有重要骨干企业领导人员任职和公务回避暂行规定》（2001 年 4 月 30 日）；中共中央办公厅、国务院办公厅印发的《关于在国有企业、集体企业及其控股企业深入实行厂务公开制度的通知》（2002 年 6 月 3 日）；国务院办公厅印发的《中国共产党党内监督条例（试行）》（2003 年 12 月 31 日）；中共中央办公厅颁发的《关于对党员领导干部进行诫勉谈话和函询的暂行办法》（2005 年 12 月 19 日）；中共中央办公厅印发的《关于党员领导干部述职述廉的暂行规定》（2005 年 12 月 19 日）；中共中央办公厅、国务院办公厅印发的《关于开展治理商业贿赂专项工作的意见》（2006 年 2 月 8 日）；中共中央办公厅印发的《党政领导干部任职回避暂行规定》（2006 年 6 月 10 日）；《中共中央办公厅印发〈关于加强党员经常性教育的意见〉等四个保持共产党员先进性长效机制文件的通知》（2006 年 6 月 21 日）；中共中央办公厅颁发的《党政领导干部交流工作规定》（2006 年 8 月 6 日）；中共中央办公厅印发的《党政领导干部职务任期暂行规定》（2006 年 8 月 7 日）；《中共中央纪委关于严格禁止利用职务上的便利谋取不正当利益的若干规定》（2007 年 5 月 29 日）；中共中央办公厅、国务院办公厅印发的《关于深入开展“小金库”治理工作的意见》（2009 年 4 月 14 日）；中共中央办公厅、国务院办公厅印发的《关于实行党政领导干部问责的暂行规定》（2009 年 6 月 30 日）；中共中央办公厅、国务院办公厅印发的《国有企业领导人员廉洁从业若干规定》（2009 年 7 月 1 日）；中共中央组织部印发的《中国共产党巡视工作条例（试行）》（2009 年 7 月 2 日）；中共中央办公厅印发的《关于建立促进科学发展的党政领导班子和领导干部考核评价机制的意见》（2009 年 7 月 20 日）；中共中央办公厅、国务院办公厅印发的《关于开展工程建设领域突出问题专项治理工作的意见》（2009 年 8 月 19 日）；中共中央办公厅印发的《关于进一步从严管理干部的意见》（2009 年 12 月 4 日）；中共中央办公厅、国务院办公厅印发的《关于领导干部报告个人有关事项的规定》（2010 年 5 月 26 日）；中共中央办公厅、国务院办公厅印发的《关于进一步推进国有企业贯彻落实“三重一大”决策制度的意见》（2010 年 7 月 15 日）；中共中央办公厅印发的《关于党的基层组织实行党务公开的意见》（2010 年 9 月 15 日）；《中共中央办公厅、国务院办公厅关于印发〈党政主要领导干部和国有企业领导人员经济责任审计规定〉的通知》（2010 年 10 月 12 日）；中共中央、国务院印发的《关于实行党风廉政建设责任制的规定》（2010 年 11 月 10 日）；《中共中央办公厅、国务院办公厅转发〈中央宣传部、国务院国资委关于加强和改进新形势下国有及国有控股企业思想政治工作的意见〉的通知》（2010 年 11 月 30 日）；中共中央办公厅转发的《中央纪委、中央组织部、中央宣传部关于加强领导干部反腐倡廉教育的意见》（2011 年 2 月 10 日）；中共中央办公厅转发的《中央组织部关于加强和改进基层干部教育培训工作的意见》（2011 年 11 月 14 日）。

关于国家法律，主要有：《中华人民共和国公司法》（2005 年 10 月 27 日修订）；《中华人民共和国审计法》（2006 年 2 月 28 日）；《中华人民共和国企业破产法》（2006 年 8 月 27 日修订）；《中华人民共和国劳动合同法》（2007 年 6 月 29 日）；《中华人民共和国企业国有资产法》（2008 年 10 月 28 日）；《中华人民共和国行政监察法》（2010 年 6 月 25 日）。

关于行政法规，主要有：《国有企业监事会暂行条例》（2000 年 3 月 15 日）；《国家重大建设项目稽察办法》（2008 年 8 月 7 日）；

《中华人民共和国审计法实施条例》（2010年2月2日）。

关于部委规章、国资委文件，主要有：最高人民检察院、国家经济贸易委员会《关于共同做好国有企业中贪污贿赂犯罪预防工作的通知》（2001年7月18日）；国资委印发的《中央企业财务决算审计工作规则》（2004年2月5日）；《关于规范中央企业负责人职务消费的指导意见》（国资发分配〔2004〕69号）；《关于加强企业国有产权交易监管有关工作的通知》（国资发产权〔2004〕176号）；《国资委关于加强中央企业领导人员培训工作的意见》（国资发党建〔2004〕204号）；《关于贯彻落实〈建立健全教育、制度、监督并重的惩治和预防腐败体系实施纲要〉的具体意见》（国资党委纪检〔2005〕93号）；《关于加强中央企业内部审计工作的通知》（国资发评价〔2005〕304号）；《中央企业全面风险管理指引》（国资发改革〔2006〕108号）；《关于印发〈中央企业效能监察暂行办法〉的通知》（国资发纪检〔2006〕139号）；《关于印发〈关于加强和改进国有企业监事会工作的若干意见〉的通知》（国资发监督〔2006〕174号）；《关于在中央企业开展述廉议廉工作的意见》（国资党委纪检〔2006〕174号）；《关于加强企业国有资产评估管理工作有关问题的通知》（国资发产权〔2006〕274号）；《关于加强中央企业信息化工作的指导意见》（国资发〔2007〕8号）；《关于中央企业执行〈企业会计准则〉有关事项的通知》（国资发评价〔2007〕38号）；《关于印发〈董事会试点企业董事会年度工作报告制度实施意见（试行）〉的通知》（国资发改革〔2007〕71号）；《关于建立和完善中央企业职工代表大会制度的指导意见》（国资党委群工〔2007〕120号）；《关于中央企业试行企业年金制度有关问题的通知》（国资发分配〔2007〕152号）；《关于加强国资监管信息化工作的指导意见》（国资发〔2007〕182号）；《关于印发〈关于中央企业履行社会责任的指导意见〉的通知》（国资发研究〔2008〕1号）；《关于加强中央企业经济责任审计工作的通知》（国资发评价〔2008〕53号）；《关于印发〈中央企业信息化水平评价暂行办法〉的通知》（国资发〔2008〕113号）；《关于贯彻落实〈建立健全惩治和预防腐败体系2008—2012年工作规划〉的实施意见》（国资党委纪检〔2008〕122号）；《董事会试点中央企业高级管理人员薪酬管理指导意见》（国资发分配〔2009〕55号）；《国资委国有资本经营预算编制管理工作规则（试行）》（国资发收益〔2009〕84号）；《关于进一步推进中央企业信息化工作的意见》（国资发〔2009〕102号）；《关于印发〈关于进一步加强地方国有资产监管工作的若干意见〉的通知》（国资发法规〔2009〕286号）；《关于印发〈中央企业商业秘密保护暂行规定〉的通知》（国资发〔2010〕41号）；《关于印发〈关于建设规范董事会的中央企业董事会和监事会工作关系的意见（试行）〉的通知》（国资发监督〔2010〕82号）；《国资委党委关于贯彻落实〈关于进一步推进国有企业贯彻落实“三重一大”决策制度的意见〉的通知》（国资党委纪检〔2010〕177号）；《关于中央企业工程建设领域突出问题专项治理整改工作的指导意见》（国资发纪检〔2010〕171号）；《国资委党委关于印发中央企业贯彻落实〈国有企业领导人员廉洁从业若干规定〉实施办法的通知》（国资党委纪检〔2011〕197号）。

（二）“法治反腐”时期（2012年至今）：国有企业反腐败立法

党的十八大以来，以习近平同志为核心的党中央在党风廉政建设与反腐败斗争等方面提出了一系列新的思想与新理念：“作为党的干部，就是要讲大公无私、公私分明、先公后私、公而忘私，只有一心为公、事事出于公心，才能坦荡做人、谨慎用权，才能光明正大、堂堂正正。”[①] 习近平总书记多次强调，要善于用法治思维和法治方

① 习近平. 习近平谈治国理政［M］. 北京：外文出版社，2014：394.

式反对腐败，加强反腐败国家立法，加强反腐倡廉党内法规制度建设，让法律制度刚性运行。

这一时期，法治反腐取得了令世界瞩目的伟大成就。从中央“八项规定”开篇，截至2022年2月，党中央、国务院等部门出台的关于廉政建设的重要规定，据不完全统计，有82项之多。

解读这82项法律法规，涉及国有企业反腐败的有如下新规。

关于党内法规，主要有：中共中央办公厅、国务院办公厅印发的《节庆活动管理办法（试行）》（2012年5月29日）；中共中央办公厅印发的《建立健全惩治和预防腐败体系2013—2017年工作规划》（2013年12月25日）；中共中央办公厅印发的《中管企业纪委书记、副书记提名考察办法（试行）》（2015年3月26日）；中共中央办公厅、国务院办公厅印发的《关于深化国有企业改革的指导意见》（2015年8月24日）；中共中央办公厅、国务院办公厅印发的《关于推动国有文化企业把社会效益放在首位、实现社会效益和经济效益相统一的指导意见》（2015年9月14日）；中共中央办公厅印发的《关于在深化国有企业改革中坚持党的领导加强党的建设的若干意见》（2015年9月20日）；中共中央印发的《中国共产党廉洁自律准则》（2015年10月21日）；中共中央印发的《中国共产党纪律处分条例》（2015年10月21）；中共中央办公厅、国务院办公厅印发的《关于全面推进政务公开工作的意见》（2016年2月17日）；中共中央办公厅、国务院办公厅印发的《关于完善审计制度若干重大问题的框架意见》及《关于实行审计全覆盖的实施意见》等相关配套文件（2016年12月8日）。

关于国家法律，主要有：《中华人民共和国刑法修正案（九）》（2015年8月29日）；《中华人民共和国监察法》（2018年3月20日）；《中华人民共和国公职人员政务处分法》（2020年6月20日）。

关于行政法规，主要有：《企业信息公示暂行条例》（2014年7月23日国务院令第654号公布）；《中华人民共和国政府采购法实施条例》（2015 年 1 月 30 日国务院令第 658 号公布）；《国务院办公厅关于加强安全生产监管执法的通知》（2015 年 4 月 2 日）；《国务院关于改革和完善国有资产管理体制的若干意见》（2015 年 10 月 25 日）；《国务院办公厅关于加强和改进企业国有资产监督防止国有资产流失的意见》（2015 年 10 月 31 日）。

关于部委规章，主要有：《国资委党委关于印发〈关于加强中央企业廉洁风险防控工作的指导意见〉的通知》（国资党委纪检〔2012〕155 号）；《国家发展和改革委员会贯彻落实〈建立健全惩治和预防腐败体系 2013—2017 年工作规划〉实施办法》（2014 年 4 月 24 日）；《国资委关于贯彻落实〈中共中央　国务院关于深化国有企业改革的指导意见〉的通知》（2015 年 9 月 17 日）；《关于强化监督执纪问责深入纠正"四风"问题的通知》（国资党办纪检〔2015〕12 号）。

二、评　估

根据上文枚举的情况，可以清晰地看到党和政府注重反腐败制度建设的思路。具体而言，既注意单项制度的制定修订，又与其他制度协调配合；既有惩戒性、约束性规定，又有激励性、保障性规定；既有实体性制度建设，又有程序性制度建设；并且还实现了党内制度与国家法律相衔接，体现了依法治国的基本方略。制度建设取得显著成效。

虽然我国有关国有企业反腐败立法数量并不算少，立法层次也比较丰富，涉及的方面也很广泛，但仍然不能有效遏制国企的腐败，究其因，在于现有的制度对国有企业反腐败体制机制创新等问题考虑不足。

1. 没有考虑反腐败领导体制与工作机制的创新问题

目前，仍有不少国企在体制与机制上存在各种不规范的问题，集团公司与下属子（分）公司职责界定不清，集团公司过多插手子（分）公司管理。具体表现在：一是规范的人事机制建立起来，由股东大会决定董事会、监事会成员，由董事会聘任经营班子的机制没有规范地建立起来；二是法人治理结构不健全；三是权责不到位，主要表现在董事会权责不到位、监事会权责不到位、经营班子的权责不到位；四是在管理制度上，没有解决好管人、管事服从于管资产问题；五是不能很好地处理“老三会”和“新三会”的关系。企业中党委会、工会和职代会等“老三会”组织健全，但随着国有企业的改制，股东会、董事会、监事会等“新三会”逐步建立，新老三会之间功能如何协调与定位等问题需深入探讨和研究解决，因而也影响到公司治理结构的正常运转和内部治理机制的完善。

2. 没有考虑国企反腐败经营与管理制度、机制创新问题

现有的制度不能满足当前企业发展的需求，一些不规范的机制问题已经严重影响了企业的可持续发展。

（1）经营机制不健全。一些企业没有完整系统的管理制度来指导工作，没有覆盖所有的部门和人员，没有渗透到企业各个业务领域和各个操作环节，或制度缺乏针对性，操作性不强。在经营管理方式上，没有建立自我防范与约束机制，偏重于事后控制而忽视了事前预防控制。在资产控制上，只注重钱财物等有形资产的管理控制，而忽视了对人员素质、信息等无形资产的控制。

（2）制度与现实脱节，缺乏可执行性和可操作性。

（3）制度缺乏系统性。国有企业是一个复杂的系统，可分为安全、生产、管理、服务、人才队伍建设、党建等几大部分，企业制度应综合考虑到各个部门的特点和部门之间的联系。有些国有企业的制度为满足有些部门的要求，内容杂乱零散缺乏系统性，没有形成一种凝聚力，各自为政，执行难度大。

（4）制度缺乏协调性。企业制度与企业整体发展目标不相协调。企业制度建设的根本是为了实现企业的经营目标，而有些企业在制度起草建设过程中，未注重宏观层面或过于宏观，未能结合企业的整体发展目标制定有具体针对性并行之有效的方案。

（5）制度执行不到位。执行缺乏信息的反馈及检查，无法修订和提升，执行机制更无从谈起。有的规章制度宏观上比较全面，但没有制定出具体标准和相关配套规定，如实施细则等，有的脱离实际，难以操作。

3. 监督制约制度缺乏威慑力和制约性

企业党组织围绕中心工作的结合度不够，作用发挥不够。在干部选拔任用方面随意性大。财务、审计、纪委监督存在严重的不对称现象，缺乏自主权、决断权和强制权，很难对监督对象形成威慑和制约。例如纪委监督同级党委难，人事任免权关系仕途，是双重领导中的关键问题。一些管理者总是凌驾于制度之上，善于搞变通、搞关系，对自己没有约束力，这是建立有效制度的最大障碍，制度的权威性和严肃性打了折扣。在制度面前能否人人平等是我们的制度能否有效实施的基本条件。

防止利益冲突制度、国企内部协调办案机制、廉洁长效教育机制等的严重缺位的实践反复证明，廉洁教育不扎实，预防制度不完善，惩治不得力，是腐败现象滋生蔓延的重要原因。因而，必须紧紧抓住教育、预防和惩治这三个关键环节，做到标本兼治，综合治理。

总之，既然现有的法律法规不足以打赢国企反腐败攻坚战、持久战，不能有效遏制国企的腐败，那我们就得积极推进国企反腐败体制机制创新研究；将一些宏观、中观层面的制度进一步落细、落小，采取更具体、更有针对性的方式，让各项制度落地生根。这也是本书研究的逻辑起点。

第三章　习近平法治思想是推动国有企业反腐败立法的根本遵循

2020年11月，中央全面依法治国工作会议第一次阐释了习近平法治思想。习近平法治思想是习近平新时代中国特色社会主义思想的重要组成部分，是全面依法治国的根本遵循和行动指南。

习近平法治思想是一个有机联系的科学体系，其中也蕴含着包括全面从严治党和法治反腐等在内的内在逻辑。2013年1月22日，在十八届中纪委二次全会上，习近平总书记指出："要善于用法治思维和法治方式反对腐败，加强反腐败国家立法，加强反腐倡廉党内法规制度建设，让法律制度刚性运行。"① 习近平法治反腐思想，高度浓缩和概括了我们党建设廉洁政治、人民至上的执政理念，为全面从严治党和反腐败斗争、反腐败国家立法提供了不竭的动力，是全面从严治党和反腐败斗争最锐利的思想武器。尤其是习近平总书记提出了一系列相互联系的关于国有企业党建与反腐败的观点，系统回答了新时期推进国有企业党建和反腐败斗争是什么、为什么、怎么办等现实问题，体现了对新形势下国有企业反腐败斗争及反腐败立法规律、特点、趋势等的深刻把握。

党的十八大以来，以习近平同志为核心的党中央高度重视立法工作。习近平总书记对新时代科学立法的目标方向、任务要求、重要原则、体制机制等进行了全面阐述，深入回答了科学立法中的重大问

---

① 《习近平关于全面深化改革论述摘编》（六）. 习近平：坚定不移走中国特色社会主义政治发展道路，不断推进社会主义政治制度自我完善和发展［EB/OL］.（2014-08-06）［2023-10-17］. http：//jhsjk. people. cn/article/25413247.

题，这是习近平法治思想的重要组成部分，为新时代坚持科学立法提供了根本遵循。

我们要全面准确把握其重大意义、核心要义、精神实质，自觉用以武装头脑、指导实践，切实把科学思想转化为国有企业反腐败立法的实际成效。

一、习近平法治思想中法治反腐的科学内涵

党的十八大以来，习近平总书记着眼于党和国家的前途命运，着眼于不断推进党风廉政建设和反腐败斗争，针对新时代腐败问题的严峻性与复杂性，前瞻性地提出了一系列富有创见的关于法治反腐的新理念、新思路和新举措，科学而系统地提出和回答了为什么要推进法治反腐、法治反腐的科学内涵是什么、怎样推进法治反腐等重大理论和实践问题，形成了一个动态发展的法治反腐思想体系。

法治反腐的科学内涵主要有六方面。一是“党风廉政建设和反腐败斗争是我们必须抓好的重大政治任务”①。二是“用法治思维和

① 2012年11月17日，习近平总书记在十八届中共中央政治局第一次集体学习时的讲话中强调指出：“党风廉政建设，是广大干部群众始终关注的重大政治问题。”“大量事实告诉我们，腐败问题越演越烈，最终必然会亡党亡国！我们要警醒啊！”2013年1月22日，习近平总书记在第十八届中央纪律检查委员会第二次全体会议上的讲话指出：“腐败是社会毒瘤。如果任凭腐败问题愈演愈烈，最终必然亡党亡国。我们党把党风廉政建设和反腐败斗争提到关系党和国家生死存亡的高度来认识，是深刻总结了古今中外的历史教训的。中国历史上因为统治集团严重腐败导致人亡政息的例子比比皆是，当今世界上由于执政党腐化堕落、严重脱离群众导致失去政权的例子也不胜枚举啊！”此后，习近平总书记多次在其重要讲话中，强调反腐倡廉要常抓不懈，拒腐防变必须警钟长鸣。

法治方式反对腐败"[①]。三是"把权力关进制度的笼子里"[②]。四是"国家监察体制改革"[③]。五是"一体推进不敢腐、不能腐、不想

① 2013 年 1 月，习近平总书记在十八届中央纪委二次全会上指出："要善于用法治思维和法治方式反对腐败，加强反腐败国家立法，加强反腐倡廉党内法规制度建设，让法律制度刚性运行。"2015 年 6 月 26 日下午，中共中央政治局就加强反腐倡廉法规制度建设进行第二十四次集体学习。习近平总书记在主持学习时强调："法规制度带有根本性、全局性、稳定性、长期性。要贯彻全面深化改革、全面依法治国的要求，加大反腐倡廉法规制度建设力度，把中央要求、群众期盼、实际需要、新鲜经验结合起来，本着于法周延、于事有效的原则制定新的法规制度、完善已有的法规制度、废止不适应的法规制度，努力形成系统完备的反腐倡廉法规制度体系。""反腐倡廉法规制度建设系统性强，要坚持问题导向、突出重点，充分体现科学性、针对性、可操作性。要坚持宏观思考、总体规划，既要注意体现党章的基本原则和精神，符合国家法律法规，也要同其他方面法规制度相衔接，提升法规制度整体效应。要系统完备、衔接配套，立治有体、施治有序，把反腐倡廉法规制度的笼子扎细扎密扎牢，做到前后衔接、左右联动、上下配套、系统集成。要务实管用、简便易行，法规制度在务实管用。要责任明确、奖惩严明，明确责任主体，确保可执行、可监督、可检查、可问责。"

② 习近平总书记在十八届中央纪委二次全会上强调："强化对权力运行的制约和监督，把权力关进制度的笼子里，形成不敢腐的惩戒机制、不能腐的防范机制、不易腐的保障机制。"他在十八届中央纪委三次全会上强调："把权力关进制度的笼子里，首先要建好笼子。笼子太松了，或者笼子很好但门没关住，进出自由，那是起不了什么作用的。"

③ 2018 年 12 月，为深化国家监察体制改革举行十九届中央政治局第十一次集体学习。习近平总书记在主持学习时强调："在新的起点上持续深化党的纪律检查体制和国家监察体制改革，促进执纪执法贯通，有效衔接司法，推进反腐败工作法治化、规范化，为新时代完善和发展中国特色社会主义制度、推进全面从严治党提供重要制度保障。"

腐”[①]。六是“加强反腐败国际合作”[②]。

习近平法治反腐思想是马克思主义中国化的最新理论成果之一，是从严治党法治化和推进反腐败国家立法的重要指针，是习近平法治思想的重要组成部分，为新时代党风廉政建设和反腐败斗争提供了有力的立法指导与保障，为法治反腐新征程提供了前所未有的巨大动能和思想指南。

我们要深入学习领会习近平法治反腐思想，将其作为我们推进国有企业反腐败立法的根本遵循。

二、习近平关于国有企业改革发展和党建工作的重要论述的科学内涵

习近平总书记关于国有企业改革发展和党的建设的重要论述，是习近平法治思想的重要组成部分，同样是我们推进国有企业反腐

① 2019年1月，在十九届中央纪委三次全会上，习近平总书记强调：“不敢腐、不能腐、不想腐是一个有机整体，不是三个阶段的划分，也不是三个环节的割裂。”“要深化标本兼治，用好治标利器，夯实治本基础，一体推进不敢腐、不能腐、不想腐。”2020年1月，习近平总书记在十九届中央纪委四次全会上指出：“深刻把握党风廉政建设规律，一体推进不敢腐、不能腐、不想腐。一体推进不敢腐、不能腐、不想腐，不仅是反腐败斗争的基本方针，也是新时代全面从严治党的重要方略。”

② 2015年11月16日，习近平总书记在二十国集团领导人第十次峰会第二阶段会议上指出：“中国坚持有腐必反、有贪必肃，以零容忍态度惩治腐败，加强反腐败国际合作。中方支持二十国集团加强国际追逃追赃务实合作。”2016年1月12日，习近平总书记在第十八届中央纪律检查委员会第六次全体会议上指出：“要加大国际追逃追赃力度，推动二十国集团、亚太经合组织、《联合国反腐败公约》等多边框架下的国际合作，实施重大专项行动，把惩治腐败的天罗地网撒向全球，让已经潜逃的无处藏身，让企图外逃的丢掉幻想。”2017年5月，习近平总书记在北京出席“一带一路”国际合作高峰论坛开幕式发表的主旨演讲中指出：“要加强国际反腐合作，让‘一带一路’成为廉洁之路。”极大地丰富了我国反腐败、外交和法治的理论与实践。2018年1月11日，习近平总书记在中国共产党第十九届中央纪律检查委员会第二次全体会议上发表重要讲话时指出：“要加强反腐败综合执法国际协作，强化对腐败犯罪分子的震慑。要强化不敢腐的震慑，扎牢不能腐的笼子，增强不想腐的自觉。要通过改革和制度创新切断利益输送链条，加强对权力运行的制约和监督，形成有效管用的体制机制。”

败立法的根本遵循。

习近平总书记有许多重要论述关涉到国有企业反腐败立法。试以 2016 年习近平总书记在全国国有企业党的建设工作会议上的重要讲话为例，[①] 扼要枚举如下。

在全国国有企业党的建设工作会议上，习近平总书记着眼党和国家事业发展全局，深刻论述了国企发展的规律，深入回答了国企党建面临的一系列重大问题，为做好新形势下国企党建工作和反腐败工作提供了根本遵循，也为下一步国企改革指明了方向。归纳起来，有如下十二个方面。[②]

（一）强调国企必须具备的“六种力量”

成为党和国家最可信赖的依靠力量；成为坚决贯彻执行党中央决策部署的重要力量；成为贯彻新发展理念、全面深化改革的重要力量；成为实施“走出去”战略、“一带一路”建设等重大战略的重要力量；成为壮大综合国力、促进经济社会发展、保障和改善民生的重要力量；成为我们党赢得具有许多新的历史特点的伟大斗争胜利的重要力量。

（二）提出国企深化改革要坚持“三个有利于”

有利于国有资产保值增值；有利于提高国有经济竞争力；有利于放大国有资本功能的方针。

---

① 习近平总书记对国企党建工作提了哪些新要求 [EB/OL].（2014-03-07）[2023-10-12]. http://dangjian.people.com.cn/n1/2016/1012/c117092-28772532.html.

② 习近平总书记对国企党建工作提了哪些新要求 [EB/OL].（2014-03-07）[2023-10-12]. http://dangjian.people.com.cn/n1/2016/1012/c117092-28772532.html.

（三）提出国企两个“一以贯之”

坚持党对国有企业的领导是重大政治原则，必须一以贯之；建立现代企业制度是国有企业改革的方向，也必须一以贯之。

（四）提出加强国企党建工作总要求：“四个坚持”

坚持党对国有企业的领导不动摇，发挥企业党组织的领导核心和政治核心作用；坚持服务生产经营不偏离，以企业改革发展成果检验党组织的工作和战斗力；坚持党组织对国有企业选人用人的领导和把关作用不能变；坚持建强国有企业基层党组织不放松。

（五）提出“中国特色”现代国有企业制度

把党的领导融入公司治理各环节；把企业党组织内嵌到公司治理结构之中；明确和落实党组织在公司法人治理结构中的法定地位。

（六）明确党对国有企业的领导方式

政治领导、思想领导、组织领导三者有机统一，归结就是把方向、管大局、保落实。

（七）加强对国企领导人的监督和管理

加强对国有企业领导人员的党性教育、宗旨教育、警示教育，严明政治纪律和政治规矩；突出监督重点，强化对关键岗位、重要人员特别是一把手的监督管理；完善“三重一大”决策监督机制，严格日常管理，整合监督力量，形成监督合力。

（八）坚持全心全意依靠工人阶级方针

要健全以职工代表大会为基本形式的民主管理制度；企业在重大决策上要听取职工意见；坚持和完善职工董事制度、职工监事制度。

（九）关于对国企领导人的要求

要对党忠诚、勇于创新、治企有方、兴企有为、清正廉洁；要坚定信念、任事担当，牢记自己的第一职责是为党工作；要牢固树立政治意识、大局意识、核心意识、看齐意识；要把爱党、忧党、兴党、护党落实到经营管理各项工作中；要迎难而上、开拓进取，带领广大干部职工开创企业发展新局面。

（十）关于国企领导人员的培养

要放到工作一线摸爬滚打、锻炼成长，把在实践中成长起来的选拔到领导岗位；既要从严管理，又要关心爱护，树立正向激励的鲜明导向；要大力宣传优秀国有企业领导人员的先进事迹和突出贡献。

（十一）全面从严治党在国企落地“四个要”

要同步建立党的组织、动态调整组织设置；要把党员日常教育管理的基础性工作抓紧抓好；要让支部成为团结群众的核心、教育党员的学校、攻坚克难的堡垒；要把思想政治工作作为企业党组织一项经常性、基础性工作。

（十二）明确各级党委责任

地方各级党委要把国有企业党的建设纳入整体工作部署和党的建设总体规划；国有企业党委（党组）要履行主体责任；要加强国有企业党风廉政建设和反腐败工作，把纪律和规矩挺在前面。

习近平总书记的上述重要讲话，是新时代国有企业改革发展和党的建设的科学指南，也是加强新形势下国有企业反腐败工作的纲领性文献，还是国有企业反腐败立法的理论和实践的“指南针”和“定盘星”，具有强大的真理力量和实践伟力，开辟了我们党领导国有企业的新境界，指引新时代国有企业反腐败立法发生了根本性、转折性、全局性的重大变化。对于做强做优做大国有企业、推进党和国家事业发展具有重要指导意义。

三、习近平关于新时期立法的重要论述

党的十八大以来，习近平总书记洞察立法面临的形势任务，对新形势下立法的目标方向、任务要求、重要原则、体制机制等进行了全面阐述，深入回答了立法中的重大问题，使立法工作有了清晰的目标和努力方向。

习近平关于立法的一系列重要论述，是习近平法治思想的重要组成部分，是新时期我国立法工作的行动指南和根本遵循。

习近平关于立法的重要论述，概括而言，有如下五大方面。

一是坚持党的领导是立法工作的根本保障。习近平总书记曾多次提道：“必须把党的领导贯彻落实到依法治国全过程和各方面。”①

① 习近平. 中国共产党领导是中国特色社会主义最本质的特征［J］. 求是，2020（14）：4-17.

在立法工作中坚持党的领导主要体现在以下几个方面。首先，完善党对立法工作中重大问题的决策程序。其次，“在研究改革方案和改革措施时，要同步考虑改革涉及的立法问题，及时提出立法需求和立法建议。实践证明行之有效的，要及时上升为法律。实践条件还不成熟、需要先行先试的，要按照法定程序作出授权”①。最后，应当做好党内法规与国家法律的衔接工作，实现二者的内在和谐。

二是善用法治思维提高立法质量。2013 年 2 月 23 日，在十八届中共中央政治局第四次集体学习时，习近平总书记指出：“人民群众对立法的期盼，已经不是有没有，而是好不好、管用不管用、能不能解决实际问题；不是什么法都能治国，不是什么法都能治好国；越是强调法治，越是要提高立法质量。”“我们要完善立法规划，突出立法重点，坚持立改废并举，提高立法科学化、民主化水平，提高法律的针对性、及时性、系统性。要完善立法工作机制和程序，扩大公众有序参与，充分听取各方面意见，使法律准确反映经济社会发展要求，更好协调利益关系，发挥立法的引领和推动作用。”②

三是推进科学立法、民主立法。2012 年 12 月 4 日，习近平总书记在首都各界纪念现行宪法公布施行 30 周年大会上发表讲话时指出：“全国人大及其常委会要加强重点领域立法，拓展人民有序参与立法途径，通过完备的法律推动宪法实施，保证宪法确立的制度和原则得到落实。国务院和有立法权的地方人大及其常委会要抓紧制定和修改与法律相配套的行政法规和地方性法规，保证宪法和法律得到有效实施。”③ 2014 年 10 月 20 日，习近平总书记在关于《中共中央关于全面推进依法治国若干重大问题的决定》的说明时强调指出：“推进科学立法、民主立法，是提高立法质量的根本途径。科学立法的核

① 习近平. 运用法治思维和法治方式推进改革［J］. 理论学习，2014（12）：1-2.

② 习近平论立法质量：不是什么法都能治好国［EB/OL］.（2015-05-12）［2023-10-17］. http：//cpc. people. com. cn/xuexi/n/2015/0512/c385474-26985149. html.

③ 习近平在首都各界纪念现行宪法公布施行 30 周年大会上的讲话［N］. 人民日报，2012-12-05.

心在于尊重和体现客观规律，民主立法的核心在于为了人民、依靠人民。要完善科学立法、民主立法机制，创新公众参与立法方式，广泛听取各方面意见和建议。”①

四是坚持改革决策和立法决策相统一、相衔接。2014 年 2 月 28 日，习近平总书记在中央全面深化改革领导小组第二次会议上指出：“凡属重大改革都要于法有据。在整个改革过程中，都要高度重视运用法治思维和法治方式，发挥法治的引领和推动作用，加强对相关立法工作的协调，确保在法治轨道上推进改革。”② 2015 年 2 月 2 日，习近平总书记在省部级主要领导干部学习贯彻党的十八届四中全会精神全面推进依法治国专题研讨班上又指出：“我们要坚持改革决策和立法决策相统一、相衔接，立法主动适应改革需要，积极发挥引导、推动、规范、保障改革的作用，做到重大改革于法有据，改革和法治同步推进，增强改革的穿透力。对实践证明已经比较成熟的改革经验和行之有效的改革举措，要尽快上升为法律。对部门间争议较大的重要立法事项，要加快推动和协调，不能久拖不决。对实践条件还不成熟、需要先行先试的，要按照法定程序作出授权，既不允许随意突破法律红线，也不允许简单以现行法律没有依据为由迟滞改革。对不适应改革要求的现行法律法规，及时修改或废止，不能让一些过时的法律条款成为改革的‘绊马索’。”③

五是全过程民主立法新观念。2019 年，习近平总书记深刻指出：“我们走的是一条中国特色社会主义政治发展道路，人民民主是一种全过程的民主，所有的重大立法决策都是依照程序、经过民主酝酿，

① 习近平. 关于《中共中央关于全面推进依法治国若干重大问题的决定》的说明［N］. 人民日报，2014-10-29.

② 《习近平关于全面深化改革论述摘编》（十二）. 习近平：领导好全面深化改革这场攻坚战［EB/OL］.（2014-08-20）［2023-10-17］. http：//jhsjk. people. cn/article/25502314.

③ 新华网. 习近平：领导干部要做尊法学法守法用法的模范［EB/OL］.（2015-02-02）［2023-10-17］. http：//cpc. people. com. cn/n/2015/0202/c64094-26494362. html.

通过科学决策、民主决策产生的。”[①] 2021 年，习近平总书记再次强调“发展全过程人民民主”[②]。习近平全过程民主立法新观念的提出，有助于推动国有企业反腐败立法。以往的公众参与是立法后参与，而全过程民主则是让公众参与从立法之初就开始了。这就需要将国有企业反腐败立法与《中华人民共和国立法法》等法律结合起来，进行立法体系化设计。

习近平总书记的上述重要论述，为推动国有企业反腐败立法提供了强大的思想武器，具有重要的现实意义和指导意义。

四、习近平法治思想对国有企业反腐败立法的指导作用

党的十八大以来，以习近平同志为核心的党中央领导人民持续探索，不断推进法治反腐建设，成功走出了一条中国特色社会主义法治反腐道路，成为我们党百年奋斗重大成就和光辉历史的重要组成部分。

伟大理论引领伟大征程。站在新的历史起点上，我们要以习近平法治反腐思想为指导，推进国有企业反腐败立法，为做大做强国有企业提供法治保障。

具体而言，要以习近平法治思想为统领，加强国有企业反腐败立法，完善国有企业反腐败法律法规。

立法权提供反腐败的制度、规范和程序，是法治反腐的第一道

① 2019 年 11 月，习近平总书记在上海虹桥街道考察全国人大常委会法工委基层立法联系点，同正在参加法律草案意见建议征询会的中外居民交谈时的讲话。习近平：中国的民主是一种全过程的民主［EB/OL］. https：//politics. gmw. cn/2019-11/03/content_ 33288488. htm.

② 习近平. 在庆祝中国共产党成立 100 周年大会上的讲话［N］. 人民日报，2021-07-02.

防线。①

近年来，我国在制定和修改与国有企业相关的法律时，增加了一些反腐败条款或廉洁条款，这些条款大多散见于相关法律之中，过于分散，缺乏统一性；一些制度设计不严密、不系统、不配套，可操作性不强，预防和惩治国有企业腐败的威慑力明显不足；② 此外，相关立法的滞后，在一些重要领域、关键环节存在立法疏漏等，也是一个不争的事实。因而，要解决上述问题，唯有以习近平法治思想作为根本遵循，加强国有企业反腐败立法。

遵循习近平总书记所强调的“要善于用法治思维和法治方式反对腐败，加强反腐败国家立法”③，做好国有企业反腐败立法的规划。

在立法中，遵循习近平总书记在党的十八届四中全会所提出的“加快推进反腐败国家立法，完善惩治和预防腐败体系，形成不敢腐、不能腐、不想腐的有效机制，坚决遏制和预防腐败现象”④。

一是加速制定基本法。国有企业反腐败基本法应从实体与程序两个维度，明确国有企业反腐败的指导思想、基本原则、主体与职责、范围与管辖、权限与措施、腐败预防与惩治工作程序、廉政教育、海外廉洁风险防控、法律责任等内容；作为对国有企业反腐败工作起统领性和基础性作用的法律，可以健全党统一领导、权威高效的反腐败体制机制，体现全面深化国企改革与全面从严治党、法治反腐的有机统一，为国有企业做大做强提供法治保障，对推进国家治理体系和治理能力现代化意义重大。

---

① 张大共. 关于法治反腐的思考［EB/OL］. （2014-01-16）［2023-10-17］. http://dangjian. people. com. cn/n/2014/0116/c117092-24134903. html.

② 张大共. 关于法治反腐的思考［EB/OL］. （2014-01-16）［2023-10-17］. http://dangjian. people. com. cn/n/2014/0116/c117092-24134903. html.

③ 《习近平关于全面深化改革论述摘编》（六）. 习近平：坚定不移走中国特色社会主义政治发展道路，不断推进社会主义政治制度自我完善和发展［EB/OL］.（2014-08-06）. http://jhsjk. people. cn/article/25413247.

④ 习近平. 关于《中共中央关于全面推进依法治国若干重大问题的决定》的说明［N］. 人民日报，2014-10-29.

二是制定“不敢腐”的法律法规。制定国有企业腐败惩治法、国有企业廉洁风险清单（由负责人的权力清单、责任清单和负面清单等构成）、国有企业腐败案件领导责任追究法。同时，在修改《中华人民共和国刑法》时，增加国有企业专章，并加大违法成本。

三是制定“不能腐”的法律法规。制定国有企业决策、经营、监督程序法，国有企业防止利益冲突法，国有企业海外廉政风险防控与合规建设法，关于禁止靠企吃企、设租寻租、关联交易、内外勾结侵吞国有资产的规定，等，完善政府采购法、招投标法等相关法律，完善国有企业反腐败基本法实施条例等配套法规、制度，从制度源头堵住或减少腐败。

四是制定“不想腐”的法律法规。制定国有企业廉政教育与廉洁文化促进法、国有企业廉洁从业行为规范等法律法规。

加强立法，为推进国有企业反腐败工作规范化、正规化提供法治保障。

总之，在新时代，要夺取反腐斗争压倒性胜利，提高一体化推进“三不腐”能力与水平，必须以习近平法治思想，尤其是法治反腐思想作为根本遵循，加强国有企业反腐败立法。

第四章　国有企业反腐败领导体制机制研究

权力的高度集中和失去有效监管、制衡，是一切腐败的制度根源。

从权力配置角度看消除国有企业的腐败问题，核心就是要构建基于法治的多元共治格局，其中多元主体应包括政府、企业、党组织、多元股东、专业机构等。实质上是要解决三个问题：一是实现权力的科学、系统配置；二是实现权力的相对分散和有效制衡；三是发挥机构的作用，引入第三方治理。一方面，国有企业权力均衡设置的科学性，需要有健全完善的治理结构作为基础。在中国现阶段，还需要特别考虑发挥中国共产党代表全体人民利益的作用，使其组织领导在国有企业治理结构中占有重要地位、领导地位。积极借鉴国外企业法人治理结构的经验，完善我国国有企业法人治理结构。另一方面，国有企业权力的合理配置，需要实现相对分散、有效制衡，需要借鉴国际经验，积极推进混合所有制改革。同时，在企业治理结构、重大决策等方面，确立明确的法律地位。此外，还需要构建有效的内控体系。

一、完善国有企业法人治理结构

(一) 国际社会公司法人治理结构的实践探索与启示

在现代企业体系中，公司法人治理结构一般由股东大会、董事会、监事会和执行机构（经理层）四部分组成，各个部分各司其职、各负其责，并且相互制衡。

20 世纪 90 年代以来，一些国际组织和许多国家都纷纷进行以完善公司治理结构为内容的制度创新。如，1992 年到 1995 年，英国就先后发表了有关公司治理的《卡德伯利报告》《格林伯利报告》《哈姆佩尔报告》，成为英国公司治理改革过程中的三部曲。经济合作与发展组织（简称“经合组织”，OECD）1999 年 5 月正式出台了《OECD 公司治理原则》；美国出台了《商业圆桌会议公司治理准则》；日本出台了《日本公司治理准则》；等等。①

1. 法人治理结构的产生与发展

法人治理结构的模式，随着西方发达国家公司制的演进，而逐渐形成。主要分三个阶段：第一阶段（19 世纪和 20 世纪初）的股东大会治理模式。第二阶段（20 世纪初到下半叶）的董事会治理模式。第三阶段（四十余年来）的法人治理模式。国外制定了不同制度，如美国的独立董事制度、德国的稽查特派员制度、日本的监事会制度等，构建各主体间互相制衡的法人治理结构。②

① 李维安. 中国公司治理原则与国际比较［M］. 北京：中国财政经济出版社，2001：221；刘延龄. 我国国有企业公司治理研究［D］. 北京：中共中央党校，2005.

② 徐充，李东洋. 国外公司法人治理结构的经验借鉴［J］. 税务与经济，2008（1）：12-15.

2.《OECD公司治理原则》

《OECD公司治理原则》通过OECD专门委员与各国政府和有关国际组织共同商议，于1999年5月，经OECD部长级理事会会议签署生效。《OECD公司治理原则》包含了一套公司治理结构的标准和准则，如“确保有效公司治理框架的基础、股东权利与关键所有权功能、平等对待股东、利益相关者在公司治理中的作用、信息披露与透明度、董事会责任”等。可以归纳为五项基本原则：第一，保护股东权利；第二，确保所有股东待遇平等，并且当权利受到损害时进行有效补偿；第三，确保利益相关者的合法权利，保持企业良好财务状况，创造良好的效益和工作机会，并与利益相关方进行积极合作；第四，保证准确披露公司重大问题，如财务状况、经营状况、公司治理状况等；第五，确保董事会对战略的决策权、对管理人员的监督权，董事会对所有公司股东负责。①

从各国的实践来看，国情、社会制度不同，各国的公司治理结构也无法统一，但《OECD公司治理原则》提供了公司治理的基本要素和原则，故此，能得到国际社会的普遍认同，也成为全球范围内适用的国际标准。

3. 法人治理结构的模式与特征

关于模式，美国学者莫兰德等人提出“二分法”：以美、英等国家为代表的市场导向型模式，以德、日等国家为代表的网络导向型模式。②该观点为国内外学界所认同，故此，有必要逐一概述这几种模式。

（1）美国模式。③

美国的公司治理也体现了其三权分立的政体。公司治理结构分

---

① 经济合作与发展组织. OECD公司治理原则［S/OL］. 张政军，译. https://www.oecd.org/corporate/ca/corporategovernanceprinciples/49200756.pdf.

② DEWATRIPONT M，ROLAND G. Economic reform and dynamic political constraints［J］. The Review of Economic Studies，1992，59（4）：703-730.

③ 徐充，李东洋. 国外公司法人治理结构的经验借鉴［J］. 税务与经济，2008（1）：12-15.

为三个层次，即股东大会、董事会以及首席执行官。其中，股东大会是最高权力机构，董事会是最高决策机构。①

美国的公司治理结构长期实行单层制董事会。自20世纪70年代以来，独立董事制度在美国的一些公司逐渐兴起。独立董事不在公司担任董事以外的职务。据统计，美国公司内部独立董事占董事会的比例超过九成，这无疑极大地增强了董事会的独立性，也必然会提高其效率。美国治理模式是一种市场导向型治理模式，这源于美国法人治理结构模式的另一个特点，即强调市场约束的外部治理。美国股权分散程度较高，且治理是由证券市场主导的，股东通过买卖股票的方式来约束公司经营管理层。相应地，在劳动力市场上，衡量经理这一人力资本的标准是其经营绩效，经营者因此会勤勉工作，防止在市场中贬值，这样也形成一定的外部压力。除此之外，在美国有高效的信息披露制度，一家公司的财务变化会即时地借由金融市场反映到其股价上，而后者的涨跌能较为实际地勾勒出公司的经营状况。美国的资产负债率只有德国或日本的12%左右：这源于其企业股权高度的分散性。而银行在外部治理中基本作用不大，美国法律规定，银行不能经营超过7年的长期贷款，也不能买公司股份，更不能参与公司管理决策。②

（2）德国模式。

公司法人治理结构的德国模式，其显著特点是拥有完善严谨的监事会，能极大地促进公司各个利益主体的均衡发展。具体来说，第一，德国公司积极吸引职工参与到公司监事会的监督中来，既提高了职工的主体地位，也发挥了基层监督作用。第二，双层治理结构，股东会和职工共同参与对董事会的监督，分别负责日常经营活动和管

---

① 李俊江，李晗，盛冰樨．美国公司治理模式的特点及对我国企业改革的启示［J］．吉林大学社会科学学报，2003（6）：41-47.

② 陶群山．美国和日本公司治理结构模式比较及借鉴［J］．中外企业家，2006（5）：68-71；刘小春．中央企业公司治理法治化研究［D］．长沙：湖南大学，2017；刘银国．国有企业公司治理问题研究［D］．合肥：合肥工业大学，2006.

理决策审查。第三，银行主导型模式，银行体系广泛参与进来，与公司不仅仅是借贷的关系，还是投资的关系。德国银行经常以债权人的身份，采用直接持股、代理投票权、在监事会中派驻代表等方式参与公司治理。德国模式具有强大的监督能力和科学的监督体系，能够保障公司的正常经营和高效管理。①

职工参与治理是德国法人治理结构的重要特征。德国法律规定，1000 人以上的公司，监事会成员应有一半由职工或工会提名，500 人以上的公司，监事会成员应有 13 名职工监事由职工选举或工会提名产生。②

（3）日本模式。

日本公司法人治理结构由股东大会、董事会及代表董事、监察人组成。实际上形成了集决策权与执行权于一身的经营者主导型管理模式。③

日本模式的公司法人治理结构具有三个明显的特征。首先，董事会与其选举产生的董事是上下级关系，二者都能起到监督作用，且监督机制非常复杂。其次，公司所有权与控制权有效分开，公司经营者能够积极主动地管理公司。最后，日本公司设置监察人制度，独立行使监督权，弥补了董事会的不足。日本模式有效地解决了公司所有者与经营者角色定位不清的问题，提高了公司经营者的积极性和工作效率。④

① 杨翔宇. 对比视角下我国公司法人治理结构的优化路径研究［J］. 法制博览，2017（34）：94-93.

② Wolfgang Drobetz，Andreas Schillhofer，Heinz Zimmermann. Corporate governance and expected stock returns：Evidence from Germany［J］. European Financial Management，2004（2）：267-293.

③ 徐充，李东洋. 国外公司法人治理结构的经验借鉴［J］. 税务与经济，2008（1）：12-15.

④ 杨翔宇. 对比视角下我国公司法人治理结构的优化路径研究［J］. 法制博览，2017（34）：94-93.

（4）新加坡模式。①

新加坡于1974年建立的淡马锡控股有限公司（以下简称“淡马锡”），负责经营管理国有企业的国有资本，由财政部全资拥有并负责监管。②

董事会是淡马锡的最高权力机构，具有对公司战略方向、股权分配及配股等事宜的决策权，下设执行委员会、审计委员会、领袖培育与薪酬委员会，分别对主营业务和人、财、物进行管理。董事会设定战略和政策，授权高级管理层负责执行，公司日常运营与管理同样由高级管理层负责。董事长和总裁之间职责分工明确，相互制衡。淡马锡董事会和总裁直接向新加坡总统负责，董事会成员的任免或续任、首席执行长的任免必须得到总统的批准。③

4. 国际社会企业法人治理结构的启示

第一，法人治理结构是现代企业中最为重要的组织制度。其对企业内部权力的有效配置，既保证了企业的决策、运营、管理高效运行，也对减少权力寻租的空间、遏制腐败功不可没。随着经济全球化的发展，各国公司治理模式、法人治理结构模式都逐渐趋同。我国国有企业法人治理结构可从其中借鉴和移植先进经验进行模式选择、构建和完善。

第二，法人治理的基本原则是通过科学的权责配置，使法人内部结构和功能互补，法人内部权力制约，通过制度保障各机构有序运作，以严格的制约措施规范人员行为，从而有效预防腐败。

第三，法人治理的制度建设包含企业内部的组织结构和管理机制建议。在股份制公司的法人机构中，最高权力机构为股东大会。股

① 财政部企业司. 淡马锡模式的国企改革核心解决的是体制机制问题［EB/OL］.（2014-03-07）［2023-10-12］. https：//www. chinanews. com/ny/2014/03-07/5922836. shtml；钱岩松. 国有企业公司治理比较研究［J］. 财贸研究，2009（1）：114-119.

② Mak Y T，Yuan Li. Determinants of corporate ownership and board structure：Evidence from Singapore［J］. Journal of Corporate Finance，2001，7（3）：235-256.

③ 郭雳，张涛. 中投境外投资并购的监管环境与模式选择［J］. 清华法学，2010（5）：5.

东大会下的常设机关的职权包括决策、执行和监督三部分，不同国家采取不同的职权配置方式。第一种模式是下设两个机关，一是董事会负责决策和执行，二是监事会负责监督；第二种模式是英、美所采用的模式，董事会负责决策和监督，经理或高级职员负责执行；第三种模式是少数西欧国家的模式，设有三个机关，董事会为决策机关，经理层为执行机关，监事会为监督机关，实行比较彻底的分权制衡。

（二）我国国有企业法人治理结构的现状及问题

我国国有企业通过多次改革，逐步建立了现代企业制度，显示出良好的发展态势，但仍有相当多的企业的改革没有触及根本。如：在一些国有企业，企业的经营决策基本是由公司“一把手”掌权。这类企业，实际上董事会往往无法履行职责，监事会也形同虚设。

1. 内部人控制与信息披露、法治环境问题

“内部人控制”是指国有企业在改革过程中，在所有权和经营权分离的状态下，所有者与经营者的利益不一致，导致了经营者控制公司。① 由于公司重大经营决策权等都掌握在公司的经营者即内部人手中，股东很难对其行为进行有效监督，利益容易受损。信息机制是企业公司治理中的重要部分，当前我国国有企业信息机制还不健全，企业的信息不公开。不仅公司外部无法获得公司的经营情况，甚至公司内部职工也不一定能掌握公司真实信息，这也给上市公司信息操纵和信息造假提供了可乘之机。此外，国有企业的公司治理没有良好的法治环境。新的《中华人民共和国公司法》对公司组织和治理等方面虽然进行了规范，作了修订和完善，但与国外相比，仍然不规范、不完善。

---

① 杜军燕，张伟，朱伯玉. 国有企业改革与公司法人治理结构［J］. 商业研究，2009（8）：87-90.

2. 股东大会、董事会、经理层的权责问题

（1）股东大会有名无实。股东大会实质上是“大股东会”。同时，董事会、监事会通常也不是通过股东大会产生，而是政府主管部门任命，这就削弱了股东大会的权力。少数股东难以对高管层形成有效监督和制衡，容易导致国有企业权力过于集中后的监督真空和腐败。

（2）董事会设置不规范。董事会的主要职权是发挥决策和监督作用，而我国国有企业董事会基本未发挥应有的作用。第一，内外部董事的比例不合理。国外内部董事的占比通常为30%，而在我国这一比例为55%。第二，董事长和总经理由一人兼任现象较为普遍。经营权和决策权未能厘清，董事会对经理层的监督作用未能发挥。第三，独立董事仅占董事会的1/3，其监督作用也未能得到有效发挥。

（3）监事会处于无效率运行状态。第一，人数少且来自企业内部的比例较高，大多仅达到《中华人民共和国公司法》规定的3名；第二，对薪酬的有效监督难以实现，我国的监事报酬由国有控股公司决定，由国有股的委托代理人控制。

（4）经理层的约束和激励机制不完善。《中华人民共和国公司法》规定经理层应负责公司的日常经营活动，经营关系到公司的运营效率和盈利水平。但我国公司对经理层的激励和约束机制存在一定的问题。第一，激励的形式单一、力度不够，这样就易造成国有企业优秀经营者流失。第二，经理层的报酬与公司绩效不对等，经理层较少关注企业的长远发展。第三，缺乏市场优胜劣汰的竞争机制，经理层动力不足，约束效果较差。①

3. 国有企业内部权力运行与法人治理结构存在矛盾

理顺公司“新三会”与“老三会”的关系，特别是正确处理党

① 杜军燕，张伟，朱伯玉. 国有企业改革与公司法人治理结构［J］. 商业研究，2009（8）：87-90.

委和公司法人治理的关系是我国公司治理结构中一个特殊而棘手的问题，经营者的市场化配置机制尚需完善。公司党组与公司治理结构的关系未厘清，公司权力高度重合，企业监事会难以发挥作用。

（三）完善国有企业法人治理结构的政策法律及机制研究

1. 加强党在法人治理结构中的法定地位

（1）必要性分析。

2015 年 6 月，中央全面深化改革领导小组通过了《关于在深化国有企业改革中坚持党的领导加强党的建设的若干意见》，这是党对深化国有企业改革颁布的重要文件，明确了国有企业党组织在公司法人治理结构中的法定地位。

2016 年，习近平总书记在全国国有企业党建工作会议上指出："坚持党的领导、加强党的建设是国有企业的'根'和'魂'，是我国国有企业的光荣传统和独特优势。"[①]

2021 年 4 月，习近平总书记在广西考察时强调："要坚持党对国有企业的全面领导，坚持加强党的领导和完善公司治理相统一，在深化企业改革中搞好党的建设，充分发挥党组织在企业改革发展中的领导核心作用。"[②]

党的十九大以来，国有企业经历了系统的深入改革，党组织的职能和作用发生巨大的变化，党组织在公司治理结构中的定位越来越明确。

综上，有必要从制度层面把它固定下来，确保这种优势的发挥。

（2）企业党组织发挥政治核心作用的基本途径。[③]

在国有企业中，党组织作为企业治理主体具有独特优势。具体表

① 习近平谈治国理政：第二卷［M］．北京：外文出版社，2017：176.

② 习近平．解放思想深化改革凝心聚力担当实干 建设新时代中国特色社会主义壮美广西［N］．人民日报，2021-04-28.

③ 秦永法．党组织在国企法人治理结构中的作用［N］．光明日报，2014-04-22.

现在如下几个方面：

一是企业党组织在把握政治方向、组织动员、联系群众等方面具有明显优势。这是我国区别于西方管理结构的独有特点。

二是党组织在国有企业中发挥政治核心作用，有利于将企业经营与职工利益、社会利益联系起来，实现多方共赢。

三是党组织作为治理主体有利于形成各负其责、各司其职、协调运转的治理机制。对企业生产经营活动以及法人治理结构行使职责具有重要支撑作用。

我们认为，企业党组织发挥政治核心作用的基本途径有：

首先，建立科学合理的法人治理结构模式。需要注意四个问题，一是要把党组织和职工民主管理纳入治理结构，坚持党组与监事会、董事会、经理层的双向贯通；二是权责对等，建立各治理主体相互制衡又协调的结构体系；三是以践行社会责任作为制衡和监督的目标；四是在企业管理体制中，杜绝“一言堂”，但同时也要发挥领军人物的关键作用。

其次，明确各治理主体责任。决策层面，董事会是决策主体，党组织参与，这是体现党组织的政治责任；执行层面，党组织发动党员、带领群众执行决议，发挥带头模范作用；监督层面，以加强党内监督为重点，监督央企改革的正确方向，监督企业的关键人、关键岗位和关键环节，监督国有资产的安全和保值增值等，并提高监督的有效性。

最后，要注重党的干部管理和法人治理结构选人用人权力的结合。董事会拥有选人用人法定职权，党组织发挥政治领导作用，可以充分调动决策层、经营层在依规选人、按需用人上的主观能动性，实现党组织、董事会、经理层在选人用人上的融合和协调，形成合力，依法合规。

（3）明确国有企业党组织在公司法人治理结构中的法定地位。①

第一，应将党建工作要求纳入国有企业章程中。各国有企业中党组织的机构设置、职责分工和工作任务应在公司章程中得到明确体现。将党组织的作用融入企业的管理制度和工作规范中，并在企业决策、执行、监督等环节中体现党组织的权责，使得党组织的领导和政治核心作用制度化、组织化、具体化，成为公司法人治理结构的有机组成部分。

第二，坚持和完善党组织与公司治理主体双向流通的领导体制。企业的党组成员按照法定程序可以进入公司董事会、经理层、监事会等公司治理结构，同样公司董事会、经理层、监事会的党员按公司规定进入党组，实现党组和企业治理结构的有机融合。

第三，明确企业党组在公司治理结构中的法律地位，对企业章程进行相应的修改。

2. 完善国有企业法人治理结构

习近平总书记在党的十八届三中全会报告中要求："要形成科学有效的权力制约和协调机制，加强反腐败体制机制创新和制度保障，健全改进作风常态化制度。"习近平总书记指出，中国特色现代国有企业制度，"特"就特在把党的领导融入公司治理各环节，把企业党组织内嵌到公司治理结构之中，明确和落实党组织在公司法人治理结构中的法定地位。习近平总书记的重要论述是我们完善国有企业法人治理结构的根本遵循。

《关于深化国有企业改革的指导意见》（2015）提出，对于权力过于集中的岗位，应实行分事行权、分岗设权、分级授权，以防止权力滥用。现代企业制度要求央企按照市场化规则，落实公司法人治理结构，使得党组、股东大会、董事会、经理层、监事会、职代会等机

① 李锦. 党的领导和公司治理结合是重大创新：三评在国企改革中坚持党的领导加强党的建设［EB/OL］.（2015－09－22）［2023－10－11］. http：//www. xinhuanet. com//politics/2015-09/22/c_ 128255492. htm.

构能够各司其职，依法行使相应的职权。

2017 年 4 月，国务院办公厅发布的《关于进一步完善国有企业法人治理结构的指导意见》指出：完善国有企业法人治理结构是全面推进依法治企、推进国家治理体系和治理能力现代化的内在要求，是新一轮国有企业改革的重要任务。

现阶段，虽然多数国有企业都已初步建立起现代企业制度，但从实践情况来看，部分企业如前所述问题不少。因此，在新时代，健全各司其职、各负其责、协调运转、有效制衡的国有企业法人治理结构显得尤为迫切。完善我国国有企业的法人治理结构，对于提升我国国有企业的活力与绩效，尤其是遏制腐败至关重要。

应在国际惯例和现代企业制度的内在要求的基础上，借鉴国外的实践经验，在如下几个方面进行设计，以构建有中国特色的法人治理结构：

第一，全面加强党的领导，完善企业章程。修改完善企业章程是落实党的领导的根本原则的需要，也是加强党对国有企业领导的需要。“党建入章”是形势发展的需要，更是制度的安排和规定。因此，必须高度重视，按照把加强党的领导与完善公司治理统一起来的要求，通过修改企业章程，把党的领导融入公司治理各环节，完善以党组、董事会、监事会和经理层为主体的治理架构，明确党组织在公司法人治理结构中的法定地位，进一步健全完善公司法人治理结构；也推动党组织领导核心和政治核心作用组织化、制度化、具体化。通过优化决策机制，明确党组对企业重大事项的前置审议程序，廓清党组与董事会、总经理的权责边界。形成党组、董事会、监事会、总经理各负其责、协调运作、有效制衡的工作机制，保证党和国家方针政策的贯彻执行，也进一步完善国有企业现代企业制度。

第二，分类明确党委书记、纪委书记配备方式。按照党管干部和依法管理的原则，根据国有企业产权结构和类型，分类明确党委书记配备方式。竞争类国有企业董事长、党委书记应分设，分设的党委书记可推荐进入董事会并经法定程序兼任董事会提名委员会主任委员；公益类、功能类国有企业的董事长、党委书记原则上可由一人担任。国有企业党委（党组）要负起党建工作主体责任，党组织书记要履行第一责任人责任。要推动党建工作与生产经营深度融合，把党建工作成效转化为企业发展优势。纪委书记的配备方式与职责，也照上述模式设计。纪委书记的任免，按照有关规定执行。

第三，完善股东大会。通过完善的公司章程来确保股东大会权力的正常运行。

第四，规范董事会职责。习近平总书记指出，坚持党对国有企业的领导是重大政治原则，必须一以贯之；建立现代企业制度是国有企业改革的方向，也必须一以贯之。为此，必须以董事会建设为重要突破口，把加强党的领导和完善公司治理更好地统一起来，完善现代企业制度。制定清单，更好厘清党组织与董事会之间的权责边界。通过完善的企业章程来规范董事会运行机制——董事会及董事履职评价、损失评价、责任追究等机制。按照国有企业的分类，健全协调运转、有效制衡的公司法人治理结构。

第五，推进经理层领导人员市场化、职业化。落实经理层主持企业生产经营管理工作的职权。合理增大国有企业经理层领导人员市场化选聘比例，将企业从业经历、资格认证作为经理层领导人员任职的重要条件。在法人治理结构比较规范的竞争类企业，率先推行职业经理人制度。职业经理人实行任期制、契约化管理，职业经理人聘任合同应合理确定职业经理人契约期限、任期目标、考核奖惩及权利义务等。

第六，落实监事会监督机制。采取外派或内设的方式，依法向国有独资企业派驻监事会或委任监事会主席，向国有控股企业推荐监事会主席人选，向参股企业推荐监事人选。加强监事会制度建设，规范工作程序，创新工作方法，完善监事会和监事的履职评价、工作保障机制，充分发挥监事会在规范国有企业公司治理中的积极作用。

第七，完善职工代表大会制度。职代会是国有企业中职工实行民主管理的基本形式。以职工通过民主选举产生的职工代表大会为权力组织机构，在企业内部行使民主管理权力。它的主要任务是：贯彻执行党和国家的方针、政策，正确处理国家、企业、职工三者的利益关系，在法律范围内行使职权，保障职工的合法权益和主人翁地位。[①] 着力于完善行政报告工作制度、评议领导干部制度、联席会议制度、提案落实制度、职工代表巡视检查制度、信息公开制度等，将职工的民主参与、民主管理、民主监督权利落到实处。

二、为推进国有企业混合所有制改革提供法律保障

发展混合所有制经济，是深化国有企业改革的重要举措。党的十八大和十八届三中、四中全会都有明确规定与决策部署。

2013 年 11 月，党的十八届三中全会通过的《中共中央关于全面深化改革若干重大问题的决定》指出，混合所有制经济是我国基本经济制度的重要实现形式，发展混合所有制经济是深化国企改革的基本方向。“积极发展混合所有制经济。国有资本、集体资本、非公有资本等交叉持股、相互融合的混合所有制经济，是基本经济制度的重要实现形式，有利于国有资本放大功能、保值增值、提高竞争力，有利于各种所有制资本取长补短、相互促进、共同发展。允许更多国有经济和其他所有制经济发展成为混合所有制经济。国有资本投资项目允许非国有资本参股。允许混合所有制经济实行企业员工持股，形成资本所有者和劳动者利益共同体。”“完善国有资产管理体制，以管资本为主加强国有资产监管，改革国有资本授权经营体制，组建

① 《全民所有制工业企业职工代表大会条例》第 4 条。

若干国有资本运营公司，支持有条件的国有企业改组为国有资本投资公司。”① 以国资改革带动国企改革，积极发展混合所有制经济。

统筹推进混合所有制改革是实现多元共治、权力制衡的重要途径。引入非公资本后，国有企业的治理结构将得到有效优化，激励约束机制将得到健全，权力过于集中带来的腐败严重问题也将得到根本性的改善。

2015 年 8 月 24 日，中共中央、国务院印发了《关于深化国有企业改革的指导意见》，从总体要求到分类改革、完善现代企业制度和国资管理体制、发展混合所有制经济、强化监督防止国有资产流失等方面提出了国企改革目标和举措。

随后，国家又配套出台了《国务院关于国有企业发展混合所有制经济的意见》（2015 年 9 月 24 日）、《企业国有资产交易监督管理办法》（2016 年 6 月 24 日）、《关于国有控股混合所有制企业开展员工持股试点的意见》（2016 年 8 月 18 日）等一系列文件，形成了国企混合所有制改革的“1+N”文件体系，为国企混改提供了顶层设计指引。由此，国企改革从政策探讨和部分试点转入全面推广与深化阶段。

2019 年 10 月，国资委制定了《中央企业混合所有制改革操作指引》，为实施混合所有制改革相关工作提供参考。

2020 年 6 月，中央全面深化改革委员会第十四次会议通过了《国企改革三年行动方案（2020—2022 年）》，要求建立现代企业管理制度来改善现有的国有企业管理制度上的问题，要求对企业的经济布局进行调整优化，要求积极稳妥深化混合所有制改革，等等。

2021 年 4 月 28 日，国资委以视频会议方式召开深化国有企业分类改革专题推进会，就进一步深化国有企业分类改革，推动国有企业更好适应市场化、法治化、国际化的新形势新要求作出部署，以确保

① 中共中央关于全面深化改革若干重大问题的决定［EB/OL］.（2013-11-18）［2023-10-11］. http：//www. ce. cn/xwzx/gnsz/szyw/201311/18/t20131118_ 1767104. shtml.

国企改革三年行动各项改革任务精准推进，落实到位。

在国企混合所有制改革和国资监管体制改革等取得了本质性进展，进入加速推进新阶段这样的背景下，我们要贯彻落实党中央、国务院的部署，按照“四个全面”战略布局要求，为推进国有企业混合所有制改革、促进各种所有制经济共同发展提供法律保障。

三、健全国有企业内控机制

（一）国外企业内控制度的历史发展与特点

“内部控制”作为一个专有名词和完整概念出现，始于 20 世纪 30 年代的美国。

1934 年美国《证券交易法》，首先提出了“内部会计控制”的概念。

1936 年，美国颁布了《独立公共会计师对财务报表的审查》，首次定义了“内部控制”：“内部稽核与控制制度是指为保证公司现金和其他资产的安全、检查账簿记录的准确性而采取的各种措施和方法。”此后美国审计程序委员会又对该定义做过多次修改。

1949 年，美国会计师协会的审计程序委员会在《内部控制——一种协调制度要素及其对管理当局和独立注册会计师的重要性》报告中，对“内部控制”作了权威性的定义：“内部控制包括组织机构的设计和企业内部采取的所有相互协调的方法和措施。这些方法和措施都用于保护企业的财产，检查会计信息的准确性，提高经营效率，推动企业坚持执行既定的管理政策。”

1958 年，美国审计程序委员会发布了《审计程序公告第 29 号》，正式以文告形式对“内部控制”定义重新作了如下表述：“内部控制，从广义上将包括既有会计又有管理特征的控制。”

1963 年，美国审计程序委员会在发布的《审计程序公告第 33 号》中明确将内部控制划分为会计控制和管理控制。

1972 年，美国注册会计师协会（AICPA）（《审计准则公告》的制定者），遵循《证券交易法》的路线进行研究和讨论，在《审计准则公告第 1 号》（*SAS No. 1*）中，对管理控制和会计控制提出并通过了今天广为人知的定义：内部会计控制由组织计划以及与保护资产和保证财务资料可靠性有关的程序和记录构成。

1988 年 4 月，美国注册会计师协会发布的《审计准则公告第 55 号》（*SAS No. 55*）规定，从 1990 年 1 月起以该文告取代 1972 年发布的《审计准则公告第 1 号》。该文告首次以“内部控制结构”一词取代原有的“内部控制”。

1992 年 9 月，发起组织委员会（Committee of Sponsoring Organization, COSO）提出了报告《内部控制——整体框架》。该报告指出：“内部控制是受企业董事会、管理层和其他人员影响，为经营的效率效果、财务报告的可靠性、相关法规的遵循性等目标的实现而提供合理保证的过程。”1994 年进行了增补。这些成果马上得到了 GAO（有的学者称“美国审计署”，有的称“美国问责办公室”）的认可。

1995 年，美国注册会计师协会也全面接受其内容并发布了《审计准则公告第 78 号》。

2004 年 COSO 发布《企业风险管理——整合框架》（ERM 框架，enterprise risk management）。该报告提出的内部控制理论和体系集内部控制理论和实践发展之大成，成为现代内部控制最具有权威性的框架，因此在业内备受推崇，在美国及全球得到广泛推广和应用。

在 COSO 内部控制整合框架中，内部控制旨在为下列目标提供保证：①财务报告的可靠性；②经营的效果和效率；③符合适用的法律和法规。COSO 内部控制整合框架把内部控制划分为五个相互关联的要素，分别是：控制环境、风险评估、控制活动、信息与沟通、监控。每个要素均承载三个目标：经营目标、财务报告目标、合规性目标。[①]

国外的实践有如下特点：①大多采用立法先行的做法，为企业内部控制提供法制保障。靠立法设立专门机构，推动企业内部控制制度的监管；靠立法确定制度框架、操作指南和标准。②企业内部控制制度建设立足国情。③出台企业内部控制的实施细则、规范和指南，确保制度运行有刚性保障。④重视企业内部控制的监管。⑤靠立法推动内控体系向海外业务运营进行延伸，确保全覆盖。[②]

国外的经验值得我们思考与借鉴。

（二）我国国有企业经营机制中的内控制度现状

与发达国家基本类似，我国的国有企业内部控制制度主要是基于现代法人治理结构，对于贪腐的抑制产生了一定的作用。由于国情的区别，我国国有企业内部制度还具有自身特点，相对突出的是党组织的作用和地位。

1. 中国共产党基层组织在国有企业内部控制中的独特地位

国有企业是中国共产党执政的重要经济基础，代表全体人民的根本利益。党的章程和国家法律，确定了党组织在企业内部控制体系中具有独特的作用和地位，这是发达国家国有企业所没有的，也是我们国家的制度优势和道路优势在国有企业中的集中体现。

《中国共产党章程》《中华人民共和国全民所有制企业法》对党组织在国有企业中的法定地位、职责、作用做了具体规定。《关于在深化国有企业改革中坚持党的领导加强党的建设的若干意见》进一

① 鲁冰. COSO内部控制整合框架修订进展及其启示［J］. 财务与会计，2013（7）：51-53.

② 刘苏云. 国企境外直接投资法律监管体制的缺陷分析与完善［J］. 企业经济，2009（12）：187-189.

步提出，坚持党的领导是我国国有企业的独特优势，确保党的领导，坚持党管干部原则，要把加强党的领导和完善公司治理统一起来，明确国有企业党组织在公司法人治理结构中的法定地位，即要将国有企业党组织列入法人治理结构中。

中共中央办公厅、国务院办公厅印发了《关于进一步推进国有企业贯彻落实“三重一大”决策制度的意见》。按照中央规定，凡属重大决策、重要人事任免、重大项目安排和大额度资金运作（简称“三重一大”）事项，必须由国有企业党委（党组）、董事会、未设董事会的经理班子等决策机构，依据各自的职责、权限和议事规则，集体讨论决定。

2. 我国国有企业内部控制的发展

（1）构建了相对完善的内部控制制度环境。①

1985 年，审计署出台了《关于内部审计工作的若干规定》，这可以视为内部控制制度建设的开端。1995 年，审计署修订了该规定。

1996 年 6 月，财政部颁布《会计基础工作规范》，对内部控制做了明确的规定，开始把控制环境作为一项重要内容与会计制度、控制程序一起纳入内部控制结构中。

1996 年 12 月，中国注册会计师协会颁布《独立审计具体准则第 9 号——内部控制与审计风险》，在我国首次正式引入了“内部控制”理念，明确“内部控制”的定义为：“被审计单位为了保证业务活动的有效进行，保护资产的安全和完整，防止、发现、纠正错误与舞弊，保证会计资料的真实、合法、完整而制定和实施的政策与程序。内部控制包括控制环境、会计系统和控制程序。”其第三章“内部控制”第 9 条规定，建立健全内部控制是被审计单位管理当局的

① 韩冰冰. 浅析我国内部控制体系的发展历程［EB/OL］.（2017-04-07）. http：//www.f-incontrol. com/NewsDetail. aspx？ ID=582.

会计责任。

2017年11月，十二届全国人大常委会第三十次会议通过了对《中华人民共和国会计法》作的修订。新修订的会计法十分强调企业内部控制制度的建设问题（第四章“会计监督”第27条），要求各单位应当建立、健全本单位内部会计监督制度。这也是我国第一次在立法层面确立内部控制制度。此后，由于全球对内控的要求不断加强，我国也加快了内部控制体系建设的步伐，财务部先后制定颁布了7项内部会计控制规范。

2001年6月财政部发布《内部会计控制规范——基本规范（试行）》《内部会计控制规范——货币资金（试行）》，明确了单位建立和完善内部会计控制体系的基本框架和要求，以及货币资金内部控制的要求。至此，内部控制规范标准的建设开始进入决策者的视野，内部控制体系初步得以建立。

2006年6月，国资委正式颁布了《中央企业全面风险管理指引》，对基于中央企业进行全面的风险管理工作的基本流程及原则、组织体系、风险评估和管理、应对措施等方面作出了具体要求，并指出企业的总经理对全面风险管理工作的有效性向董事会负责。

2006年7月，财政部发起成立“企业内部控制标准委员会”，我国进入“内部控制年”。2006年，国资委颁布的《中央企业全面风险管理指引》，系统吸收了美国COSO和ERM框架精髓，并增设了“企业战略”和“资产的完整和安全”两大结合央企属性特征的目标。

2008年5月，由财政部、证监会、审计署、银监会、保监会等五部委联合颁发的《企业内部控制基本规范》，为我国内部控制发展提供了权威指引，规定从2011年度开始逐步推行注册会计师内部控制审计业务。《企业内部控制基本规范》是我国第一部全国性控制规范，也被誉为“中国的萨班斯法案”。

2010年4月26日，财政部、证监会、审计署、银监会、保监会等五部委联合发布了《企业内部控制配套指引》。该配套指引包括《企业内部控制应用指引》《企业内部控制评价指引》，以及《企业内部控制审计指引》。它们连同此前发布的《企业内部控制基本规范》，标志着适应我国企业实际情况、融合国际先进经验的中国企业内部控制规范体系基本建成。

2012年5月7日，国资委和财政部联合行文正式发布《中央企业内部控制建设工作指引》。要求各中央企业高度重视内部控制工作，统筹协调，周密部署，抓紧推进内部控制建设与实施工作，采取有力措施保证内部控制有效执行，推动经营管理水平不断提升。

2012年5月7日，国资委又印发了《关于加快构建中央企业内部控制体系有关事项的通知》（国资发评价〔2012〕68号），要求："各中央企业主要负责人要高度重视内部控制工作，将建立健全内部控制体系作为管理提升活动的重要任务来抓，切实加强组织领导。集团层面要成立专门的内部控制工作领导机构，负责内部控制工作的组织协调；设立专职机构或确定牵头部门，配备专职工作人员，具体负责内部控制体系建设与实施工作；建立相关部门共同参与的跨部门联动工作机制，明确分工，落实责任，共同推进，并做好对子企业内部控制建设的组织指导工作；按照内部控制建设与监督评价职责相分离的原则，明确内部审计或相关部门负责组织内部控制评价工作。各中央企业要建立健全内部控制工作责任制，将内部控制建设与执行效果纳入绩效考核体系，确保内部控制不断完善并得到有效执行，为战略有效实施、资源优化配置、企业价值提升提供强有力的支撑。"

2012年11月29日，财政部制定并印发了《行政事业单位内部控制规范（试行）》，自2014年1月1日起施行。该规范共六章65条，就总体原则、风险评估和控制方法、单位层面内部控制、业务层面内部控制、评价与监督五方面进行了阐述。对"内部控制"的定义："单位为实现控制目标，通过制定制度、实施措施和执行程序，对经济活动的风险进行防范和管控。”

2019 年 10 月 19 日，国资委印发《关于加强中央企业内部控制体系建设与监督工作的实施意见》（以下简称《实施意见》）。《实施意见》对中央企业内控体系建设与监督工作提出规范要求：一是建立健全内控体系。从优化内控体系、强化集团管控、完善管理制度、健全监督评价体系等方面，建立健全以风险管理为导向、合规管理监督为重点，严格、规范、全面、有效的内控体系，实现“强内控、防风险、促合规”的管控目标。二是强化内控体系执行。聚焦关键业务，改革重点领域、国有资本运营重要环节以及境外国有资产监管，加强重要岗位和关键人员在授权、审批、执行、报告等方面的权责管控，形成相互衔接、相互制衡、相互监督的内控体系工作机制，切实提高重大风险防控能力。三是强化内控体系刚性约束。将信息化建设作为加强内控体系刚性约束的重要手段，推动内控措施嵌入业务信息系统，推进信息系统间的集成共享，实现经营管理决策和执行活动可控制、可追溯、可检查，有效减少人为违规操纵因素。《实施意见》提出要突出“强监管、严问责”，以监督问责为重要抓手，形成“以查促改”“以改促建”的动态优化机制，促进中央企业不断完善内控体系。

2020 年 10 月 29 日，国资委印发了内控 307 号文《关于做好 2021 年中央企业内部控制体系建设与监督工作有关事项的通知》。其目的是“推进中央企业管理体系和管理能力现代化，完善中央企业内部控制体系，增强中央企业抗风险能力”。

综上所述，我国内部控制体系的发展经历了一段漫长的历程。与国外实践相比，我国的内部控制制度建设用时较短，充分吸收国际经验，已经形成了相对成熟的企业内部控制制度环境。在未来，我国内部控制体系的发展会更健全，更完善。

（2）企业内部控制体系仍不完善。

与国外发达国家相比，我国虽然已经建立起了国有企业内部控制制度，但是从实践效果来看，内部控制体系的健全程度及其发挥的作用仍然存在不足。其原因主要在于以下几个方面。

第一，法人治理结构的完善仍有空间。一是如何让董事会、监事会、经理层依法高效运行、相互制衡，仍然值得我们思考、设计并完善。二是如何有效消除严重的“内部人控制”现象仍需要进一步探索。三是监事会的作用较难充分发挥。如：有的企业只设立了1名监事，且由公司纪检组长兼任。由于纪检组长工作忙及其自身专业限制，在实际中作用发挥受到较大限制。

第二，内部审计效能不高。如：由于种种原因，审计派驻人员虽然在业务上属于总公司管理，但人事编制却仍旧在派驻单位。其公正性、独立性难以得到有效保障。如果对派驻人员缺乏激励约束，就难以保障其工作的高效。

第三，内部控制体系不完善。梳理现有内部控制的法律法规，发现有如下问题：一是立法呈现碎片化现象，而且一些重要的制度有所缺失；二是制度之间缺乏有效衔接；三是制度建设缺乏系统性和前瞻性；等等。这些问题都亟待解决。

第四，亟待补齐制度短板。不少“走出去”的国有企业名义上有内容控制相关制度，但实际上由于各种原因而难以发挥效果。

（三）立法思考

结合国有企业当前内部控制制度建设的现状，立足国情，借鉴国际先进经验，我们认为应从以下几个方面入手，推动国有企业内部控制制度的完善：

一是通过制度保障让党组织在内部控制机制中充分发挥其独特的作用。党的领导必须贯彻落实到国有企业内部控制的各个环节，以推动内部控制体系的运行高效、规范。

二是完善国有企业法人治理结构的立法思考。通过立法，依法配置权力，让董事会、监事会与经理层的职责明确，各自运行的边界清晰，又相互协调、相互制约、相互配合，统一于党组织的领导之下，合力建设现代企业制度。

三是提升内部审计的层次和地位。在董事会设立内部审计委员会，委员会主任由独立董事（监事）担任，直接对董事长和股东负责，企业所属各个层级由集团直接派驻，人事、考核和薪酬均由集团决定，以便内部审计人员依法独立开展工作。[①]

四是推进内部控制制度体系化。明确内部控制的关键岗位、具体要求和实施细则，增强内部控制制度的可操作性和规范化、标准化程度。[②]

五是补齐海外企业内部控制体系的短板。通过立法，确保内控体系在海外的有效建立与落地。同时，确立向海外机构派出独立的监管（内控）专员的制度，并部署内控信息系统等。[③]

总之，上述制度的设计、建构与完善，极大地丰富了国有企业反腐败立法的内容，给国有企业权力配置打造了腐败的隔离墙，极大地压缩了腐败的空间，使得“不能腐”的制度笼子更加牢固。

---

① 李艳. 加强内部控制在企业管理中的作用［J］. 科技信息，2012（19）：466.

② 刘小春. 中央企业公司治理法治化研究［D］. 长沙：湖南大学，2017.

③ 吴星泽. 从战略高度推进并购重组在探索当中落实内部控制：并购“重组”企业战略与内部控制研讨会综述［J］. 会计研究，2010（2）：89-91. 国务院国有资产监督管理委员会. 中央企业境外投资监督管理办法［EB/OL］.（2017-01-17）. http：//www. sasac. gov. cn/n85881/n85921/c2525230/content. html.

第五章　国有企业反腐败运行制度研究

“阳光是最好的反腐剂。”让权力运行在阳光下，是国有企业实现依法预防腐败的重要途径。对于国有企业而言，实现权力的阳光运行，需要在三个方面实现制度创新：一是监管权力清单和权力运行规范；二是要构建完善的信息公开机制；三是要创新权力运行的方式，实现在线运行。

一、建立健全国有企业权力清单制度

（一）国有企业权力清单制度建设的历史发展

推行政府部门权力清单制度是中共十八届三中、四中全会部署的重要改革任务，是国家治理体系和治理能力现代化建设的重要举措，对于建设法治政府、创新政府、廉洁政府和服务型政府具有重要意义。

2015 年 3 月 24 日，中共中央办公厅、国务院办公厅印发《关于推行地方各级政府工作部门权力清单制度的指导意见》，明确规定了权力清单制度的工作目标是通过建立权力清单和相应责任清单制度，进一步明确地方各级政府工作部门职责权限，大力推动简政放权，加快形成边界清晰、分工合理、权责一致、运转高效、依法保障的政府职能体系和科学有效的权力监督、制约、协调机制，全面推进依法行政。

2015 年 12 月 28 日，国务院办公厅印发了《国务院部门权力和责任清单编制试点方案》，再次强调了建立权力清单制度的工作目标是按照简政放权、放管结合、优化服务和转变政府职能要求，以清单形式列明试点部门的行政权责及其依据、行使主体、运行流程等，加快形成边界清晰、分工合理、权责一致、运转高效、依法保障的政府职能体系。

各级政府开展的权力清单建设和公示活动，对规范权力运行发挥了一定作用。这些实践，对国有企业通过建立权力清单制度来实现对权力运行的规范，具有重要的指导和借鉴意义。

2015 年 8 月 24 日，中共中央、国务院颁布了《关于深化国有企业改革的指导意见》，这是新时期指导和推进中国国企改革的纲领性文件。该指导意见明确提出，国有资产监管机构要准确把握依法履行出资人职责的定位，科学界定国有资产出资人监管的边界，建立监管权力清单和责任清单，实现以管企业为主向以管资本为主的转变。国有企业监管权力清单制度和责任清单制度的建立由此开端。

2016 年 12 月 5 日，中央全面深化改革领导小组第三十次会议审议通过了《关于深化国有企业和国有资本审计监督的若干意见》和《国务院国资委以管资本为主推进职能转变方案》。会议提出，要按照以管资本为主加强国有资产监管的要求，依法依规建立和完善出资人监管权力和责任清单。

2017 年 4 月 27 日，国务院办公厅印发《国务院办公厅关于转发〈国务院国资委以管资本为主推进职能转变方案〉的通知》（国办发〔2017〕38 号），提出国务院国资委要依据本方案全面梳理并优化调整具体监管职能，相应调整内设机构，明确取消、下放、授权的监管事项，加快制定出资人监管的权力和责任清单，按程序报批后向社会公开，并公布精简 43 项监管事项。

2018 年，国资委出台了《国务院国资委出资人监管权力和责任清单（试行）》，明确了九大类 36 项权责事项。

2019年4月19日，国务院印发《改革国有资本授权经营体制方案》，明确提出分类开展授权放权等改革要求。

2019年6月3日，国务院国资委印发《国务院国资委授权放权清单（2019年版）》（以下简称《清单》），列入五大类35项授权放权事项，包括规划投资与主业管理（8项）；产权管理（12项）；选人用人（2项）；企业负责人薪酬管理、工资总额管理与中长期激励（10项）；重大财务事项管理（3项）；等等。《清单》的每项授权都务求条件明确、程序细化、权责清晰，确保授权放权在实际工作中能够操作。《清单》最大程度调动和激发了企业的积极性。国资委改进监管方式手段，建设全国国资国企在线监管系统，编制并及时修订国务院国资委权力和责任清单。截至2019年10月，现行国务院国资委有效规章共27件、规范性文件共207件，国资监管的法规制度框架基本健全。

2020年6月30日，习近平总书记主持召开中央全面深化改革委员会第十四次会议，审议通过了《国企改革三年行动方案（2020—2022年）》，这是面向新发展阶段我国深化国有企业改革的纲领性文件。该行动方案中的一项重要内容就是要“实行权力和责任清单管理制度”。

2020年7月21日，习近平总书记主持企业家座谈会并发表重要讲话，指出：“要推进简政放权，全面实施市场准入负面清单制度，支持企业更好参与市场合作和竞争。”习近平总书记的重要讲话，是我们进一步推进国有企业监管权力制度建设的根本遵循与行动指南。

从国有企业监管权力清单制度建设的发展历程来看，虽然时间不长，但立法推进的成效显著，立法内容也不断深化，对保障国有企业权力依法运行，对推进建设法治国企、廉洁国企，意义重大。

（二）法治视域下完善国有企业权力清单制度建设的思考

首先，由于权力清单界定了权力的范围、边界，以及该如何运行，因此，权力寻租的机会将大大减少。其次，权力清单制度着重打造“不能腐”的环境，有利于消除权力寻租的土壤。最后，权力清单通过向社会公开，将权力置于阳光下，社会各界可以将权力清单的内容作为参照，对行使权力的行为进行监督和制约，大大压缩权力寻租的空间。正是由于权力清单从规制权力的视角入手，因而，权力清单制度有利于实现既治标又治本的反腐功效，是法治视域下推进国有企业廉政建设的重要政策手段。

按照“清单之外无权力”“目录之外无审批”“法无授权不可为”的原则，通过建立权力清单制度，可以将权力圈定在清晰的边界和范围内，有利于遏制权力的滥用，有利于提升社会依法监督公权力运行的自觉性和能力。故此，为推进国有企业权力清单制度建设，有必要提出如下制度设计与安排。

1. 开门立法，制定国有企业权力清单

落实“服务就是治理”的理念，由国资委相关厅局牵头，发挥专业机构力量，在民意征集的基础上，形成对国有企业权力清单制定的总体要求。在权力清单制定过程中，需要注重内容有效性和制度可执行性。要针对社会关注的问题，切实优化权力结构和执行程序。对于重点项目（环节），应提出明确的权力运行流程和实施规范，确保权力运行可感知、可监测。在制定权力清单时，还需要同步制定与之对应的责任清单、负面清单和权利清单。

2. 完善权力清单配套制度

制定国有企业权力清单管理制度。一方面，明确权力清单制定的强制性要求，并将其纳入法治国企的考核指标之列，增强国有企业执行权力清单制度的动力。另一方面，明确国有企业权力清单制度的操作规范，确保程序正义。此外，还要健全公众和相关利益方监督权力清单运行的制度，定期调查和了解制度执行情况的反馈意见，及时查找问题并整改落实。

二、建立健全国有企业信息公开与披露制度

信息公开与披露制度是公司治理监督机制中的重要组成部分。实行信息公开与披露制度可以有效防止腐败，完善国有资产监督机制。

（一）国内企业信息公开制度建设现状

目前，随着数字技术的快速发展，大部分国有企业，尤其是中央企业，在信息公开与披露方面越来越规范。

1. 对国有企业信息公开与披露强制性约束制度的缺失

当前，对公众与全民股东来说，难以从公开的渠道获悉一些国企的财务与经营状况，《中华人民共和国公司法》《中华人民共和国证券法》仅为上市公司设定强制性的信息披露义务。通常，如果信息不对称，必然导致权力运行处于灰色和模糊区域。随之而来的，就是国企内部控制人腐败行为的出现。

2. 保障国有企业信息公开渠道制度的缺失

上市公司大多建立了多种形式的信息发布和公开渠道，除指定的报刊、网站外，还被要求将信息报送证券交易机构备案。相比之下，国有企业的信息披露，大多数只限于对上级国有资产管理部门的行政报告，至于报纸和网络等覆盖面更大的渠道，基本没有涉及。总体看，国有企业信息公开的渠道仍然过于单一。制度的缺失，严重影响了国有企业在社会公众中的知名度，阻碍了国有企业的发展。

3. 国有企业信息披露监管制度的缺失

从实践看，上市公司已形成了一套较为完整的内外部监管系统，违反规定的上市公司会遭到质疑、调查，并受到停止交易或摘牌等处罚；但对国有企业，则无相关的制度规定。加之，出于多方面的考虑，对国有企业的信息披露大多采取保护性政策，而对其真实性、充分性的监管，没有设置具体的要求，也没有监管的部门和具体手段。制度的缺失，不利于保障披露信息的真实性、准确性和客观性。

（二）制度建设的思考

1. 推进国有企业信息公开与披露立法

实现国有企业信息的公开透明，有助于约束代理人与内部人的失信行为，降低股权行使成本，捍卫全体股东权利。要从根本上预防和遏制国企内部控制人滥用权力的腐败行为，离不开信息的公开透明化。因此，可以在借鉴国外企业透明度与信息披露制度经验的基础上，制定具有可操作性的“国有企业公开运营与信息披露法”，明确对信息隐瞒等行为的处罚标准；对国有企业信息披露的具体内容、程序和范式予以详细规定；保护全体股东乃至全民的知情权。

2. 完善国有企业信息公开渠道指导制度

立足国有企业的具体实际，制定“国有企业信息披露管理指引”，引导国有企业通过网站、年报、季报、国资委信息发布平台、官方自媒体、官方新媒体等多种形式，构建丰富的信息公开渠道，引导国有企业构建交互式的信息公开手段和交流平台。

3. 完善国有企业信息公开与披露监管制度

通过立法，明确对国有企业信息公开的负责部门，赋予其监督权责。建立健全国有企业信息公开的评价指标体系，开展专项评价。建立健全国有企业信息公开与披露绩效考核指标体系和工作机制，明确信息公开奖惩标准与规范。

三、推进国有企业经营管理权力在线公开透明运行立法

数字化时代，为国有企业实现经营管理权力在线公开透明运行提供了实现载体和技术手段。推进国有企业经营管理权力公开透明运行由线下转移到线上，能够有迹可循地追究违规操作，防止利益冲突，对于预防腐败而言，具有一定的作用和价值。

（一）推进国有企业经营管理权力依法在线公开透明运行立法的多重意义

推进国有企业经营管理权力在线公开透明运行立法，对从源头预防国有企业的腐败，加强国有企业反腐败立法、保障公众知情权意义非凡。

一是市场经济发展的需要。通过加强国有企业经营管理权力在线公开透明运行立法，公开国有企业经营管理权力，有助于防止国有企业领导人任意行使企业经营管理权力，充分发挥市场机制在资源配置方面的决定性作用。

二是切实保障群众知情权、参与权、选择权和监督权的需要。公开国有企业经营管理权力，有利于保障群众的知情权，在保障知情权的基础上，参与权、表达权和监督权才能得到保障。

三是加强对权力的制约与监督的需要。因为只有让权力在阳光下运行，才能确保对权力运行的制约和监督富有成效，这是历史与实践反复证明了的真理。通过权力清单线上化、线上公开程序规范化、业务线上公开化、监督全程化，才能真正实现权力在阳光下运行。

四是建设现代企业制度体系和推进国有企业治理体系和治理能力现代化的需要。建设现代企业制度体系，不仅要按照现代企业治理及改革发展的要求科学配置好权力，而且要求权力在阳光下运行。全面推进国有企业经营管理权力网上运行，就是实现权力在阳光下运行的重要形式，而且在当下更是刻不容缓。

五是促进国有企业保值增值、健康发展的需要。电子政务运用到国有企业经营管理权力运行过程中，通过组织再造、流程整合和机构重组等方式，可以使社会平等地获得信息资源，有效提高国有企业经营管理创新的能力和核心竞争力。

（二）国有企业经营管理权力在线公开透明运行立法的科学内涵

历史和实践都反复证明：推动改革与经济社会的发展，必须立法先行，必须发挥法律的引导和保障功能。我们认为，将国有企业的权力运行关进制度的笼子，促进国有企业成为“阳光化”运营的现代企业，同样必须立法先行。

通过立法，明确对国有企业经营管理权力在线公开透明运行的总体要求与原则，明确国有企业经营管理权力在线公开透明运行的措施与程序。同时，权力在线公开透明运行过程中，对于用户数据的隐私保密、企业数据安全保护等予以明确规定。

1. 国有企业经营管理权力在线公开透明运行的基本制度

（1）建构在线运行领导机制与工作机制、保障机制。

一是成立在线运行领导小组，组下设办公室与相关业务处室，明确职责与权限；明确相关处室负责人为线上运行工作的第一责任人，各相关处室责任人负责本处室运行工作；办公室作为线上运行的牵头协调部门，全程督促行政权力网上运行工作；监察室明确专门人员负责使用法制监督、电子监察系统，对正在办理的权力事项进行实时监控。

二是确定在线运行的内容，如：

阳光决策板块。国有企业结合实际，制定重大决策、重要人事任免、重大项目安排和大额度资金运作的实施办法，细化具体内容，并严格按照实施办法执行和公开。

阳光交易板块。重点推进产权交易、物资采购等重要领域和关键环节的信息公开和公示。

阳光工程板块。国有企业对工程立项审批、规划设计、工程招投标、施工管理、工程变更、质量监督、资金使用、工程交验等重要环节进行公开。同时，建立工程项目管理第三方认证制度。

阳光监管板块。综合发挥国有企业设计监督职能部门的作用，引入公众参与监督机制，进行全程监管。

（2）建立国有企业经营管理权力在线公开透明运行工作机制。

制定“推进国有企业经营管理权力在线公开透明运行规范”，对职责分工、权力事项变更、全过程监督等内容进行规范；组织实施线上运行工作，加强基础设施建设和业务培训，并展相关业务培训，把行政权力网上运行工作经费纳入年度财政预算，专款专用；实现政务网络平台进部门、车间。

（3）建立督查考核机制。

对权力行使的时效性、流程合法性、信息完整性等进行监督，对实施绩效评估进行效能监察。

2. 构建让国有企业经营管理权力依法在线公开透明运行的“互联网+”制度

通过立法，推动公众关注的关键业务运营流程在线公开透明运行，并使运行的状态、结果能够被老百姓所查阅。探索通过“互联网+”方式创新国企核心运营模式与制度，使运营可追溯、可检验分析，便于监督。

3. 建立健全招投标交易监管制度

贯彻《公共资源交易平台管理暂行办法》，加快构建国企统一的交易平台和审批平台，建立覆盖整个国有企业的统一交易平台。推动招投标活动从依托有形场所向以电子化平台为主转变，实现重大利益冲突经营活动的在线运行。建立健全电子监管系统，利用信息网络推进平台整合和交易电子化，实现全流程透明化管理。

4. 建立对国有企业经营管理权力依法在线公开透明运行过程的实时监控机制

注重运用信息技术手段，强化实时和动态监控，减少权力运用的任意性。在经营管理权力公开透明运行的重点领域和关键环节，实行对业务的全生命周期、全过程、全流程管控。如：在工程管理方面，以全生命周期管理为指导，明确所涵盖的业务决策和处理、风险控制的环节和目标，形成覆盖工程建设全过程的管控体系；在采购管理方面，实现物资采购与管理的全程电子化。

5. 构建确保国有企业经营管理权力依法在线公开透明运行的大监督制度体系[①]

一是构建公众参与监督机制，从院校、企业、社区和新闻媒体中，聘请公众监督员，组织他们参与到工程建设的监督检查中。

二是构建社会监督制度。将各项信息发布在网站上，对全社会公开；设立公开举报电话，畅通监督渠道。这些公开渠道，为社会各界监督提供便利。

三是构建职工监督制度。企业职工可以通过职代会向公司的各部门及领导提出意见，也可以在公司门户网、党务厂务公开栏获知信息并提出监督意见。

四是完善组织监督制度。监管、纪检监察、审计等部门可以运用规章制度依法对公司执行监督监管职责，公司也及时将有关事项通报各有关部门，通过组织的力量监督企业权力的运行。

---

① 孙永伟. 权力运行“透明”化 企业经营“阳光”化［J］. 现代经济信息，2016（11）：73.

第六章　国有企业反腐败监督制度研究

对国有企业管理人员所掌握公共权力的运行进行有效监督，就是要实现监督体系独立和高效地运转。首先，在于通过完善法律环境，确保监督的严肃性和独立性。其次，需要整合预防和监督的力量，解决当前过于分散、难以形成合力的问题。此外，在强化党组织监督作用的同时，还需要发挥群众监督和第三方监督的作用，让腐败分子暴露在人民群众雪亮的监督视线下。积极创新监督的方式，充分运用网络，使得对腐败的监督 24 小时在线，实现“全天候、全方位、全覆盖”，让反腐败监督不留死角。

一、国有企业监管的国际探索

据不完全统计，有近百个国家都是通过立法，尤其是议会立法，来完成对国有企业的监管的。可以这样说，加强国有企业监管立法是国际惯例，也是国际常态。

（一）德国、法国的监管立法实践

根据法律的规定，德国在国有企业内部，实行监事会和董事会“双重委员会”领导体制。董事会是公司的法人代表，全面负责有关企业生产经营方面的决策。监事会是企业的直接控制机构，对联邦参股的企业的经济运作履行相应的监督责任。其构成其实并不简单，普通公司双重委员会必须有 4～20 名成员，其中必须有 2/3 是参股方，剩下的 1/3 则是雇员方。雇员方成员的产生也须按照法律规定的比例，让不同的管理层获得基本的投票权利。监事会的责任是通过法律依据选举具有合法意义的成员，并对其活动预估一定的报酬，对企业的整体发展制定指导策略。董事会必须按照指定的时间向监事会汇报工作，并对企业运行的基本情况和资金流通情况进行报告和备案。①

法国政府对国有企业的管理立足法律展开，对国有企业涉及的方方面面都给予了详细的规定，基本上做到了国有企业管理和监督的法治化。②

（二）韩国的监管立法实践

韩国国有企业和国有资产监管体制改革基本上是通过法律的制定或修改来进行的。有关国有企业和国有资产监管的立法和其核心内容如下：

1950 年，颁布《政府企业特别账户法》，明确政府账户与企业账户分立。

1961 年，出台《政府企业预算与财务法》，政府企业采用公司财务标准。

1962 年，出台《政府投资企业预算与财务法》。

1963 年，出台《政府投资企业管理法》。

1983 年，出台《政府投资企业基本管理法》：分设内部提拔的执行官与非执行外部董事（类似于德国的双重委员会结构），监事会中有政府的自然代表，绩效考核由经营评估委员会负责。

1997 年，制定《政府投资企业基本管理法修改案》，规定取消董

① 王云飞. 中国国有资产监管体制研究［D］. 武汉：华中科技大学，2006：15.

② 杨开峰. 国有企业之路：法国［M］. 兰州：兰州大学出版社，1999：69-70.

事会主席职位。是年，还出台《公共企业改革管理结构和民营化法案》，规定采用英美式的董事会结构，取消董事会中政府的自然代表，限定四家商业化的政府投资企业有投票权的股权上限为15%。

1999年，制定《政府投资企业基本法修改案》，按照英美的董事会模式，允许有外部执行董事。①

（三）对国外监管模式的分析与思考

国外在对国有企业、国有资产的监管方面，采用的模式都是依法管理。在这些国家的国有企业监管立法实践中，存在几种模式，有美国的监督模式（分权模式），有欧洲把分权与集权相结合的模式，对全球各国家的企业监督管理具有很大的影响力。

一是要有完善的多元监管制度，从内外两个方面来强化监管机制。

二是要保证国有企业的信息公开化。国有企业的财务报表和运作计划都应该受到外界的监督。美国、英国等国都要求，国有企业要根据国家法律条文制定符合自身发展的财务上报制度，定期通过媒体向外界公告财务流动情况。这样受到社会的严格监督，可以有效避免内部腐化。②

需要说明的是，虽然上述国外的经验与内容主要涉及对国有资产的监管，但不可否认的是，其经验同样有助于对国有企业权力的监督。

---

① 杜天佳. 世界各国国有资产监管法律之比较［J］. 产权导刊，2005（8）：52.

② 刘小春. 中央企业公司治理法治化研究［D］. 长沙：湖南大学，2017：117-118.

二、关于国有企业监管立法的思考

（一）我国国有企业监管立法先行的必要性分析

自1978年始，我国国有企业改革发展历时40多年，出台了一大批法律法规。同时，各地也先后出台了不少地方法规。

2003年5月27日，国务院发布第378号令，公布《企业国有资产监督管理暂行条例》（以下简称《条例》）。2011年1月8日，根据《国务院关于废止和修改部分行政法规的决定》，对《条例》作了第一次修订；2019年3月2日，作了第二次修订。《条例》包括总则、国有资产监督管理机构、企业负责人管理、企业重大事项管理、企业国有资产管理、企业国有资产监督、法律责任、附则等八章共45条，明确了国有资产监督管理体制的基本框架。在坚持国有资产由国家统一所有的前提下，规定由中央政府和地方政府分别代表国家履行出资人职责。在国务院，省、自治区、直辖市人民政府，设区的市、自治州级人民政府，设立专门的国有资产监督管理机构，政府实行社会公共管理职能与国有资产出资人职能分开。

2009年5月1日，第十一届全国人大常委会第五次会议通过的《中华人民共和国企业国有资产法》（以下简称《企业国有资产法》）正式施行。《企业国有资产法》包括总则、履行出资人职责的机构、国家出资企业、国家出资企业管理者的选择与考核、关系国有资产出资人权益的重大事项、国有资本经营预算、国有资产监督、法律责任、附则等九章共77条。《企业国有资产法》是专门对国有出资企业中的国有资产相关问题进行规范的法律，重在建立规范的国有资产出资人制度，确立国家出资企业涉及国有资产权益重大事项的基本操作规范。①

目前我国国有资产的国家层面立法主要有：

一是关于国有产权界定管理方面，主要有《国有资产产权界定和产权纠纷处理暂行办法》《集体企业国有资产产权界定暂行办法》。

二是关于国有资产产权登记和资产统计管理方面，主要有《企业国有资产产权登记管理办法》及其实施细则。

三是关于国有资产评估管理方面，主要有《国有资产评估管理办法》及其施行细则，《资产评估机构管理暂行办法》《注册资产评估师执业资格制度暂行规定》。

四是关于国有资产清产核资管理方面，主要有《清产核资总体方案（试行）》。

五是关于经营性国有资产管理方面，主要有《关于建立现代企业制度试点中国有资产管理工作的指导意见》。

六是关于行政事业和资源性国有资产管理方面，主要有《关于科研机构兴办科技开发企业国有资产管理暂行规定》《关于加强国有森林资源产权管理的通知》。

七是关于国有资产产权市场和产权转让管理方面，主要有《关于建立企业产权市场监管体系的指导意见》和《关于出售国有小型企业产权的暂行办法》。

八是关于境外国有资产管理方面，主要有《境外国有资产产权登记管理暂行办法》及其实施细则。

九是关于加强国有资产执法监督的立法方面，主要有1996年的《国有资产管理行政处罚工作试行规则》（现已宣布失效）。

可知，我国已逐步建立起国有资产管理的法律体系。②

---

① 李远扬. 浅析《企业国有资产监督管理暂行条例》《企业国有资产法》实施以来存在的问题和不足［EB/OL］.（2021-02-02）［2023-10-13］. https://www.tax.vip/web/information/info-detail-9498.html.

② 国有资产管理法［EB/OL］.（2014-12-25）［2023-10-16］. https://www.cnrencai.com/zengche/614890.html.

上述法律法规、规范性文件，在国资国企监管中发挥了积极的作用。但客观评估其立法效果，不足也是明显的。如范围仅专属某一个领域，层次相对低，约束力较弱；有的则具有明显的起步性、过渡性特点；中央和地方的许多法规、政策之间缺乏协调性；等等。随着国有企业改革和国有资产监管体制改革的深化，这些法律法规之间必须协调一致，最终形成一个完善的法制体系，否则，将会严重影响国有资产保值增值，甚至会造成国有资产的管理失控，导致资产流失，造成国有企业的利益损失。①

综上所述，在国有企业改革与监管工作中，必须坚持立法先行，主要基于如下考虑：

一是国有企业改革和国有企业反腐败立法的顶层设计，必须要有相应的监管法律提供支撑。

二是政府应该从立法方面对国有企业进行引导、调整、促进和融合，从根本上为国有企业的治理提供法律依据。②

三是只有充分发挥立法作用，才可能促进国有企业真正焕发活力和竞争力。

四是通过立法，可以进一步实现国有资产的保值乃至增值，同时还可以有效预防与惩治国有企业内部的腐败。

因而，应尽快推进国有企业监管立法。

前述欧美发达国家关于国有企业监管立法的经验，可以成为我们加强国有企业监管立法的借鉴。

（二）我国国有企业监管立法的理论探索

习近平总书记强调，“要着力完善国有企业监管制度，加强党对国有企业的领导”；“要完善国有资产资源监管制度，强化对权力集

① 刘小春. 中央企业公司治理法治化研究［D］. 长沙：湖南大学，2017：111.
② 辛红. 国企改革须坚守法律红线政策底线［N］. 法制日报，2014-11-22（6）.

中、资金密集、资源富集的部门和岗位的监管”。[①] 习近平总书记的重要讲话，为我们制定国有企业大监督制度体系指明了方向。我们要从顶层设计高度改革完善国企监督管理制度，解决当前深化国有企业改革必须面对的重要问题，做好深化国有企业监督制度创新的重要课题。

基于我国的实际情况，提出如下思考和建议。

1. 立法原则

（1）坚持党对立法的领导。这样，可以把发挥党的政治优势与建立现代企业制度结合起来，使国有企业改革不断走向成功。

（2）国有企业监管立法要体现避免或减少公财私用，以及国有财产流失，实现国有财产保值增值的目标和价值理念，体现“监督大格局”的思维。

（3）国有企业监管立法应被放置在我国国有企业整体改革布局中进行考虑。让立法为国有企业的改革发展保驾护航，做到改革与立法相统一。

（4）标本兼治，把理论创新与实践探索相结合，把国有企业的监管立法与配套立法相结合。在国有企业一体推进“不敢腐、不能腐、不想腐”。

（5）对监管机构和国有企业，必须既“赋（予）权”同时又“监（督）权”。必须让监管机构具备足够的法定权力，但为防止监管机构、国有企业的腐败或者擅权现象，就必须对监管机构进行监督，不能让二者互相勾结，破坏国有资产的保值增值和国有企业的发展。[②]

2. 立法内容

党中央、国务院高度重视国资监管工作。习近平总书记多次强调

① 中共上海市纪律检查委员会，上海市监察局. 习近平总书记在十八届中央纪委第二次、三次、五次全会上重要讲话选编［N/OL］. 中国纪检监察报，（2016-01-11）［2023-10-13］. https：//www. shjjjc. gov. cn/2015jjw/n2230/n2236/u1ai54572. html.

② 刘小春. 中央企业公司治理法治化研究［D］. 长沙：湖南大学，2017：118-119.

要以管资本为主加强国有资产监管。党的十九届四中全会明确提出，形成以管资本为主的国有资产监管体制。

近年来，各级国资委统筹推进国资国企改革发展，国资监管系统建设取得积极进展，但仍然存在上下级国资委沟通联系不够紧密、指导监督工作机制还不完善、全国国资系统合力有待增强等问题。为此，必须加快形成以管资本为主的国有资产监管体制，推动构建国资监管大格局，形成国资监管一盘棋。

立法的内容：制定“国有企业监管法”。

我国有必要制定“国有企业监管法”。其内容应覆盖监管的各个环节，采用实体规定与程序规定相结合的立法模式。

通过立法，明确党组织在国有企业的领导核心地位，完善对国有企业领导班子的监督制度，完善对国有企业的纪律监督制度，完善对国有企业的巡视制度，完善对国有企业的派驻监督制度，完善对国有企业的审计监督制度，完善对国有企业的监事会制度，等等。

一是从内部加强监管制度的建设，特别是要强化权力行使环节、资金环节、决策环节的监督，防止权力被寻租、滥用和异化。

二是完善对出资人的监督制度，特别是对关键位置的关键人员及境外国有资产的监督，建立健全外派监事会制度。

三是完善专项监督制度，健全国有资本审计监督体系和制度，加强纪检监察监督和巡视工作，确保企业国有资产安全可控、有效运营。

四是建立健全权责制度，对于渎职、决策失误的人员进行法律问责，逐步建立起完善的权责制度管理体系，严格责任追究。

五是尽快建立完善的外部监管体系，让外界积极参与到国有企业的监管系统中来，让外界对国有企业的运作和管理具有更多的知情权利。

三、充分发挥党组织对国有企业的监督效力的制度设计

（一）建立健全党组织参与重大问题决策的落实机制

确保党组织通过双向进入、交叉任职方式参与重大问题决策。符合条件的党委成员可以通过法定程序进入董事会、监事会和经理层领导班子。董事会、监事会和经理层领导班子成员中符合条件的党员可以依照有关规定和程序进入党委会。

（二）建立健全对选人用人的监督问责制度

坚持从严治党与依法治企相结合，通过制度，确保对选人用人的有效监督。对国有企业市场化选人用人中公权私用、违规操作的，对用人失察造成国有资产流失的，追究相关责任人责任。

（三）落实“两个责任”的制度设计

毋庸讳言，一些国有企业出现的腐败问题，从根本上讲是党的领导弱化，一些领导干部忘记了自身的责任，长期忽视党的建设，对作风纪律问题，失之于松。必须强化上级党组织对国有企业党委（党组）、纪委在履行“两个责任”方面的监督问责制度建设。

1. 上级党组织对国企党委（党组）履行主体责任的监督问责制度

检查上级党组织对国企党委（党组）是否切实履行主体责任的监督问责制度，应主要包含以下内容：第一，国企党委（党组）对待腐败事件是否做到了零容忍，彻底清查企业内部存在的贪污违纪

行为，坚决防止腐败势力反弹；第二，国企党委（党组）是否用人唯贤，从人力资源角度消除腐败的根源，坚决消除贪污腐败之风；第三，国企党委（党组）是否对企业的运营和监督建立了阳光透明的治理体系，通过制度来杜绝腐败；第四，国企党委（党组）作为企业的领导和核心成员，是否带头反腐倡廉，依法管理，促进企业健康发展；第五，国企党委（党组）是否加强责任主体的反腐意识，通过多方面加强监督，加大问责力度，促进国有企业良性发展。

2. 上级纪委对国企纪委履行监督责任的监督问责制度

检查上级纪委对国企纪委是否切实履行监督责任的监督问责制度，应主要包含以下内容：第一，国企纪委是否定期自我检查，督促责任人落实企业监管工作，号召企业内部成员遵守和落实党的方针，维护党的纪律，做到廉洁从业、规范问责；第二，国企纪委是否对腐败问题严厉惩处，面对重大的国企案件的时候，是否跟部门协力监督，对资产的评估和转让是否深入了解和落实，防止企业在关键环节出现腐败，防止国有资产的流失；第三，国企纪委对反腐工作是否有预防措施和后续维护措施，在抓反腐倡廉作风建设的同时，是否努力明确责任、做好责任划分，防止各部门的责任界限模糊导致的工作失误；第四，国企纪委是否对领导人员在工作过程中所出现的失误进行了责任追究，是否采取有效措施防止反腐倡廉工作成为一种“走过场”，是否通过严格的立法树规，让党委、纪委、责任部门的工作落到实处，是否有责必问，决不姑息。

四、强化国有企业监督体系的独立性和整合效力

（一）国有企业监督体系的独立性

《联合国反腐败公约》第六条规定，各缔约国均应当根据本国法律制度的基本原则，赋予本条第一款所述机构（预防性反腐败机构——引者注）必要的独立性，使其能够有效地履行职能和免受任何不正当的影响。

“独立性、权威性和高效性既是反腐败工作追求的基本目标，也是反腐败专门机构建设的根本要求，直接关系到反腐败工作的力度和效果。”①

在现行国有企业反腐败体制中，企业纪检监察机构隶属于企业，由被监督对象掌握。而且因为企业的主业为生产经营和完成国有资产的保值增值，在一些企业员工的眼中，纪检监察机构属于边缘部门，并非企业的主要业务部门，这样企业纪检监察机构监督的权威性就会大打折扣。

在我国国有企业中，纪检机构的案件查办权可能会受到企业其他业务部门的干预，如不能随意查阅生产经营信息、人事（劳动）部门不积极配合等，这些都对监督的效果有影响。

---

① 冉刚. 世界反腐败机构概况：独立性是机构的生命线［N/OL］. 中国纪检监察报，(2014-03-27)［2023-10-13］. https://www.ccdi.gov.cn/yaowen/201403/t20140327_131307.html.

（二）整合国有企业监督体系的力量

国有企业的监督体系，是我党借鉴苏联模式形成的，以党纪为主、为先导的监督体系。[①] 站在新的历史起点上，现行制度还不能完全适应经济发展需要，迫切需要对监督力量进行整合，提高监督体系的整体效率。

整合国有企业监督体系力量的制度安排：

（1）通过建立健全纪检监察工作机制和平台、完善制度，使纪检监察机构能够及时了解掌握企业党风建设和反腐败工作方面的信息，从而实现有效监督。如，探索建立由纪检监察机构牵头，监事会与审计、法律、人力资源等部门参加的监督工作协调性机构或制定的联席会议制度，使企业内部监督能更好地做到信息共享、力量共用、手段互助，使企业内部监督资源形成合力。

（2）完善监事会制度。一是抓紧修订《国有企业监事会暂行条例》，与《中华人民共和国公司法》《中华人民共和国企业国有资产法》等法律法规做好制度衔接。抓紧出台进一步加强和改进外派监事会工作的有关制度，推动外派监事会监督检查成果在国资委内外的运用。二是完善监事会组织体系建设，为监事会工作搭建支撑机构。国资委应充分发挥监督部门前线和后台的整体合力。国有企业特别是中央企业及其主要负责同志要正确对待监督，自觉接受监督，积极主动支持、配合监事会的工作，协助监事会落实监督责任，为监事会履职提供强有力的保障。三是建立外派监事会可追溯、可量化、可考核、可问责的履职记录制度，健全责任倒查机制。[②]

① 张新平．论中央与地方对企业国有资产的监管权益［J］．长沙理工大学学报（社会科学版），2010，25（2）：59-63．

② 杜渊泉．构建具有中国特色国有企业监督制度［N/OL］．学习时报，（2017-03-13）［2023-10-13］．http：//theory．people．com．cn/n1/2017/0313/c40531-29142295．html．

（3）建立高效顺畅的外部监督协同机制。整合出资人监管、外派监事会监督和审计、纪检监察、巡视等监督力量，建立监督工作会商机制，加强统筹，减少重复检查，提高监督效能。创新监督工作机制和方式方法，运用信息化手段查核问题，实现监督信息共享。[①]

（4）健全企业内部监督机制。企业集团应当建立涵盖各治理主体及审计、纪检监察、巡视、法律、财务等部门的监督工作体系，强化对子企业的纵向监督和各业务板块的专业监督。加强企业内部监督工作的联动配合，提升信息化水平，强化流程管控的刚性约束，确保内部监督及时、有效。[②]

五、运用大数据分析实现对国有企业权力运行的监督及预警

（一）建立大数据预警机制

深入研究历史案件，建立样本数据库，运用结构方程等社会行为研究工具，从数据中识别典型的权利滥用腐败行为的前期外在数据特征，并从中识别出关键表征因素。在此基础上，研究构建典型腐败行为的预警数据模型和预警工作机制。

（二）建立官员及其亲属复杂关系大数据挖掘制度

在大数据时代，数字技术可以把国有企业公职人员的日常生活以

① 杜渊泉．构建具有中国特色国有企业监督制度［N/OL］．学习时报，（2017-03-13）［2023-10-13］．http：//theory．people．com．cn/n1/2017/0313/c40531-29142295．html．

② 杜渊泉．构建具有中国特色国有企业监督制度［N/OL］．学习时报，（2017-03-13）［2023-10-13］．http：//theory．people．com．cn/n1/2017/0313/c40531-29142295．html．

各种数据的形式存储下来，比如短信、邮件、交易记录等，因此只要进行大数据分析，就可以掌握官员们的行为，对其中稳定的、强关联的裙带关系进行揭露。[①] 确认强关联的对象，可以依托腐败行为识别的规律，建立在线跟踪分析模型。但是，进行大数据挖掘，必须得到法律的授权，确保不侵犯公职人员的隐私权，确保大数据挖掘合法合规。

（三）运用大数据和云计算强化海外资产运营监督的制度安排

国外一些国际一流企业在跨国经营过程中，往往通过构建覆盖全球的信息平台和内控体系，来实现对海外资产运营的跟踪与动态分析，通过对其成本、收入、效益等的综合分析和数据挖掘，来实现对运营风险和合规性风险的有效识别与预警。但这些举措被严格限制在法律允许的范围内进行，以确保合法合规。国外的经验值得我们重视。

我国国有企业在参与“一带一路”建设中，在加快“走出去”过程中，通过技术创新提升监督所需信息获取的效率和信息充裕度，为对海外资产运营实施有效监管创造了良好的基础条件。但在信息跟踪的过程中，应注意遵守所在国相关的法律，避免出现商业泄密等法律纠纷。同时，必须依法构建企业数据云集和企业级全球数据中心，实现数据的分散采集、协同存储和联合分析。为此，必须加强相关立法研究，积极为运用大数据和云计算强化海外资产运营监督提供高水平的法律保障。

① 柳华芳. 用大数据来反腐，用云计算来执政［EB/OL］.（2012-12-10）［2023-10-13］. https：//www. tmtpost. com/6023. html.

第七章　国有企业防止利益冲突制度研究

近年来，我国有关规范国有企业治理的法律法规越来越多，但国企高管贪腐仍“前赴后继”。问题到底出在哪儿？一个重要的原因在于我国缺少从源头反腐的立法，尤其是缺少防止利益冲突制度，没有将国企高管的近亲属和关系人纳入防止利益冲突的范围内。因此，在国企内部建立防止利益冲突制度是必要举措。

一、国有企业利益冲突的形式、内涵、特点

国有企业利益冲突是指国有企业管理人员的个人利益与任职身份所代表或维护的公共利益、企业利益、员工合法利益之间可能发生的矛盾和冲突。国企管理人员的利益关系比较复杂，如：与任职企业及关联企业发生经营业务往来；与任职企业及关联企业发生投融资关系；参与任职企业及关联企业的混合所有制改革；在分管的企业、部门担任领导职务或者从事重要岗位工作；与业务对象发生非正常的借款、委托理财等经济往来；与业务对象发生业务往来；等等。

理论上，国有企业利益冲突大致可分为三类：

交易型利益冲突：国有企业管理人员利用职务之便，直接从利益关联者处索取或收取不正当的私人利益。

影响型利益冲突：国有企业管理人员利用职务影响力，直接或间接地谋取自己、亲属或利益相关者的私人利益，如谋求照顾亲属（安排工作、提拔等）、寻租、自我交易、影响交易、裙带关系等。

旋转型利益冲突：国有企业的管理人员利用掌握的公共权力为自己、亲属或利益相关者谋取私人利益。典型的有自己开公司、兼职、退休后到企业任职等形式。

近年来笔者在研究国有企业领导人员违纪违法案例时，发现一些国有企业与该企业领导人员亲属或特定关系人及其投资经营的企业，有利益输送、利益交换等关系。国有企业领导人员履职时所代表或维护的企业利益与个人利益之间发生了冲突，就可能导致腐败问题产生，必须细化行为限制，形成防范措施。

二、现有相关制度梳理

自从“利益冲突”在2000年左右传入中国之后，党和国家就在不断推进防止利益冲突制度的建立。涉及国有企业防止利益冲突的法规、法律等不断出台，初步形成了国有企业防止利益冲突制度体系。枚举如下：

党内法规有：《关于在国有企业、集体企业及其控股企业深入实行厂务公开制度的通知》（中共中央办公厅、国务院办公厅 2002 年 6 月 3 日印发）、《国有企业领导人员廉洁从业若干规定》（中共中央办公厅、国务院办公厅 2009 年 7 月 1 日印发）、《关于进一步推进国有企业贯彻落实“三重一大”决策制度的意见》（中共中央办公厅、国务院办公厅 2010 年 7 月 15 日印发）、《关于印发违反〈国有企业领导人员廉洁从业若干规定〉行为适用〈中国共产党纪律处分条例〉的解释》（中共中央纪委 2012 年 2 月 4 日印发）、《党政主要领导干部和国有企业领导人员经济责任审计规定实施细则》（中共中央纪委、中共中央组织部、中央机构编制委员会办公室、监察部、人力资源社会保障部、审计署、国务院国资委 2014 年 7 月 27 日发布）、《中国共产党廉洁自律准则》（中共中央 2015 年 10 月印发）等。

国家法律有:《中华人民共和国企业国有资产法》(2008)、《中华人民共和国刑法修正案(九)》(2015)、《中华人民共和国国家监察法》(2018)等。

地方党内法规有:《关于促进国有企业领导人员廉洁从业禁止违规兼职的通知》(2015年11月,广东省纪委、省委组织部、省监察厅、省国资委联合下发)、《关于市管国有企业经营管理活动中防止领导人员利益冲突的办法(试行)》(2018年,上海市委制定)、《深圳市属企业防止工作人员利益冲突的办法(试行)》(2019年,深圳市国资委党委制定)等。

地方政府规章有:《关于进一步规范省属国企改革中企业国有资产处置有关问题的通知》(湖南省人民政府办公厅2007年9月11日印发)、《湖南省人民政府关于省属企业国有资产处置有关事项的通知》(湖南省人民政府2011年11月26日印发)、《关于进一步改革和完善省属国有企业领导人员管理体制的意见》(中共湖南省委办公厅2014年12月31日印发)、《湖南省省本级重大项目决策程序规定(试行)》(湖南省人民政府办公厅2015年3月18日印发)、《湖南省省本级重大项目决策程序实施细则》(湖南省政府办公厅2015年7月13日印发)、《湖南省省属国有企业违规经营投资损失责任追究办法(试行)》(湖南省人民政府办公厅2017年10月31日印发)。

三、相关制度分析

(一)《国有企业领导人员廉洁从业若干规定》中关于防止利益冲突的规定

1.《国有企业领导人员廉洁从业若干规定》概况

国有企业领导人员受国家委派,担负着企业决策和经营管理的重任，掌管着企业的人权、事权、财权。如果权力失去监督和制约，很容易发生腐败问题。因而，抓住国有企业领导人员廉洁从业这个重点，就抓住了国有企业党风廉政建设和反腐败工作的要害和关键。[①]

2009年7月1日，中共中央办公厅、国务院办公厅印发了《国有企业领导人员廉洁从业若干规定》（简称《规定》）。《规定》共五章30条，约4200字。其主要内容体现在以下几个方面：一是"廉洁从业行为规范"，在滥用职权、以权谋私、侵害公共利益、职务消费和作风建设等五大方面，向领导人员明确提出了"禁令"；二是"实施与监督"；三是"违反规定行为的处理"。它是一部比较全面、系统地规范国有企业领导人员廉洁从业行为的专门法规。

为加强和促进国有企业领导人员廉洁从业，明确对违反规定行为的处分依据，中央纪委、监察部等部门还颁布实施了三项专门处分规定：一是中央纪委印发的《国有企业领导人员违反廉洁自律"七项要求"适用〈中国共产党纪律处分条例〉若干问题的解释》；二是监察部、人力资源社会保障部、国务院国资委印发的《关于国有企业领导人员违反廉洁自律"七项要求"政纪处分规定》；三是中共中央纪委印发的《关于印发违反〈国有企业领导人员廉洁从业若干规定〉行为适用〈中国共产党纪律处分条例〉的解释》。这些法规对违反廉洁从业规定的行为如何进行党纪政纪处理作了明确规定，为监督检查和处理国有企业领导人员违反廉洁从业规定的行为提供了依据。

2. 有关防止利益冲突的规定

《规定》的第六条从正确行使权力、防止利益冲突的角度对国有企业领导人员的从业行为作出规范。

"第六条　国有企业领导人员应当正确行使经营管理权，防止可

① 《国有企业领导人员廉洁从业若干规定》解读［EB/OL］.（2014-12-25）［2023-10-13］. https：//www. ccdi. gov. cn/djfg/fgsy/201412/t20141225_ 114333. html.

能侵害公共利益、企业利益行为的发生。不得有下列行为：

（一）本人的配偶、子女及其他特定关系人，在本企业的关联企业、与本企业有业务关系的企业投资入股；

（二）将国有资产委托、租赁、承包给配偶、子女及其他特定关系人经营；

（三）利用职权为配偶、子女及其他特定关系人从事营利性经营活动提供便利条件；

（四）利用职权相互为对方及其配偶、子女和其他特定关系人从事营利性经营活动提供便利条件；

（五）本人的配偶、子女及其他特定关系人投资或者经营的企业与本企业或者有出资关系的企业发生可能侵害公共利益、企业利益的经济业务往来；

（六）按照规定应当实行任职回避和公务回避而没有回避；

（七）离职或者退休后三年内，在与原任职企业有业务关系的私营企业、外资企业和中介机构担任职务、投资入股，或者在上述企业或者机构从事、代理与原任职企业经营业务相关的经营活动；

（八）其他可能侵害公共利益、企业利益的行为。”

第六条要保证国有企业领导人员忠实履行其经营管理者的职责，对其所在的国有企业负责，除了禁止任何以权谋私的行为外，非常重要的是防止发生各类利益冲突。建立防止利益冲突的制度，使国有企业领导人员在担任职务和执行公务中，避开涉及本人及其亲属利益的行为，限制各种关系对国有企业领导人员职责可能产生的影响，既便于国有企业领导人员摆脱各种关系的干扰，忠实履行职责，创造工作业绩，又能在一定程度上防止国有企业领导人员以权谋私等不正之风和腐败现象的滋生和蔓延。

虽然《规定》没有直接使用“利益冲突”一词，但“防止可能侵害公共利益、企业利益行为的发生”的表述和“防止利益冲突”的内涵是一致的。采取“防止可能侵害公共利益、企业利益行为的发生”的说法，表明违反了该条的要求，并不一定造成对公共利益、企业利益的损害，只是存在这样的危险。这样要求，坚持了从严要求和注重预防、关口前移的原则，形成了一种预防机制，使公共利益与私人利益之间泾渭分明，避免发生矛盾和碰撞，进而防止以权谋私。

总之，《规定》把廉洁从业要求落实到企业权力运行的全过程，以防止和杜绝违法违纪的事情发生。

为贯彻落实《国有企业领导人员廉洁从业若干规定》，国资委及许多省市纷纷出台配套实施办法或细则。如《中央企业贯彻落实〈国有企业领导人员廉洁从业若干规定〉实施办法》《广东省贯彻执行〈国有企业领导人员廉洁从业若干规定〉实施细则》等，有力地促进了国企的发展。

（二）上海市《关于市管国有企业经营管理活动中防止领导人员利益冲突的办法（试行）》解读[①]

国有企业因为资源集聚、资金雄厚，非常容易滋生腐败。而要去除腐败因子，就得抓住国有企业领导人员这一“关键少数”。为此，上海市出台了一系列防止利益冲突制度，有效地推进国有企业的反腐败斗争。如：2015 年 5 月，上海出台《关于进一步规范本市领导干部配偶、子女及其配偶经商办企业行为的规定（试行）》。2017 年，上海制定出台《关于加强和改进市管国有企业党风廉政建设的实施意见》。2018 年 6 月，上海市在上述规定的基础上，制定出台《关于市管国有企业经营管理活动中防止领导人员利益冲突的办法（试行）》（简称《办法》）。其中，《办法》在建立防止利益冲突制度方面有诸多设计与创新，值得解读。

① 俞小松. 紧盯“关键少数”明确“七个不得”上海严防国有企业领导人员利益冲突［N/OL］. 中国纪检监察报，（2018-07-02）［2023-10-13］. http://fanfu.people.com.cn/n1/2018/0702/c64371-30103364.html.

《办法》基于现实，立足关口前移，明确了国有企业领导人员在履行经营管理职责中的“七个不得”：

围绕企业经营管理中的主要市场活动，明确“本人的配偶、子女、其他特定关系人及其投资经营的企业不得与任职企业及关联企业发生经营业务往来；不得与任职企业及关联企业发生投融资关系”。

围绕当前上海推进新一轮混合所有制改革，明确“本人的配偶、子女、其他特定关系人及其投资经营的企业不得参与任职企业及关联企业的混合所有制改革”。

围绕经营管理中的用人问题，明确“本人的配偶、子女、其他特定关系人不得在分管的企业、部门担任领导职务或者从事重要岗位工作”。

围绕防止领导人员利用已建立的业务关系谋取私利，明确“本人不得与业务对象发生非正常的借款、委托理财等经济往来；不得介绍配偶、子女、其他特定关系人及其投资经营的企业与业务对象发生经济和业务往来”。

同时，《办法》还将“本人不得有其他利益冲突的行为”作为兜底条款，防止挂一漏万，进一步密织制度的笼子。

《办法》在明确负面清单的基础上，还提出了防止利益冲突登记查核、承诺明示、合同管理、内控管理、业务对象准入和退出、轮岗交流、离职或退休后从业、公务回避等八项措施，以及对违规违纪违法行为的惩戒处理措施，充分体现严字当头、一严到底。

如在登记查核、承诺明示方面，市管国有企业领导人员每年需要填写与《办法》相配套的“防止利益冲突有关情况登记表”，对遵守“七个不得”行为限制作出书面承诺和说明。企业领导人员系中共党员的，还须在民主生活会上进行明示。有关纪检监察组织按干部管理权限将登记情况纳入企业领导人员廉政档案，按一定比例开展登记情况抽查，并结合信访举报反映问题进行重点查核。

《办法》划清了“红线”、标明了“底线”。一旦发现利益冲突情况，就可以按照规定及时向组织报告。

制度的生命力在于执行。对于国有企业领导人员，违反《办法》规定的将严肃处理；在登记表中弄虚作假、未按规定报告或者回避的，予以从重处理。

违反《办法》获取的不正当经济利益，将予以收缴或责令清退；给企业造成经济损失的，依据国家或企业的有关规定严肃处理。

以往关于国企领导廉洁从业的各项规定很多，但以正面倡导形式为主。《办法》以负面清单的方式规范企业领导人员，促使其廉洁从业，旨在坚持问题导向，注重务实有效，提出“不能为”的行为限制、防范举措和监督方式，可避免各项规定难以落地，让其指导性、针对性和操作性更强。

《办法》为推动党风廉政建设与企业经营管理深度融合、切实规范国有企业领导人员廉洁从业行为，架起了制度的“高压线”；对提升风险防控能力、积极营造“亲”“清”的国有企业改革发展环境，成效明显。

（三）《深圳市属企业防止工作人员利益冲突的办法（试行）》①解读

为护航已进入关键期的国资国企综合改革，防范国有企业工作人员的个人利益与任职身份所代表或维护的公共利益、企业利益、员工合法利益之间可能发生的矛盾冲突，2019 年 4 月，深圳市国资委党委根据深圳市纪委监委的要求，印发了《深圳市属企业防止工作人员利益冲突的办法（试行）》（简称《办法（试行）》），将预防

① 防止利益冲突 防范资产流失 深圳国企预防腐败关口前移［N/OL］. 经济参考报，(2019-05-10)［2023-10-13］. http：//dz. jjckb. cn/www/pages/webpage2009/html/2019-05/10/content_ 53310. htm.

腐败的关口前移，在违法违纪前加设“防火墙”。

1. 适用对象

根据《中华人民共和国监察法》及相关规定，结合企业实际，明确适用对象为市属企业及其分支机构中行使或者受委托行使国有资产经营管理责任的国有企业工作人员，包括各级市属国有独资或控股公司中的经营管理人员、关键岗位工作人员以及在参股企业、项目部等分支机构中的派出人员。

覆盖面除了各级企业中高层管理人员外，还包括各级企业从事涉及改革重组、投资管理、产权转让、招标采购、技术研发、工程建设及其变更、财务管理、信贷管理、招商招租等核心业务或管理事项等经企业内部规章制度认定的其他人员。

2. 利益冲突情形

（1）国企工作人员。

《办法（试行）》将预防腐败的关口前移，在违法违纪前加设“防火墙”。明确国企工作人员在行使职权、履行职责过程中，应重点从参与混改、履行职责、社交借贷等方面，防范五类18种存在利益冲突的情形。

围绕当前市属企业推进的混合所有制改革，根据混改的风险高发关键节点，明确国企工作人员应当依法依规参与企业混合所有制改革，防止发生可能损害所管理或任职企业的企业利益和员工合法利益的行为。提出重点防止以下情形：未经职代会审议或未履行决策程序，确定管理层和核心骨干持股名单；管理层和核心骨干的入股价格未依据经核准或备案的评估值合理确定；规避管理层和核心骨干所持股份后续流转相关规定；干扰财务顾问、法律顾问和审计、评估等中介机构正常履职；等等。

围绕行使职权、履行职责问题，《办法（试行）》明确国企工作人员在对外投资，重大合同签约履行，车辆房屋等财产的使用、让与、租赁，人事管理等过程中，不得利用职权或职务上的便利为本人及近亲属或特定关系人非正常获利，侵害公共利益、企业利益；不得违反与企业之间的竞业限制协议；近亲属、特定关系人参与投资、经营、管理或者任职的企业与本企业或者有出资关系的企业不得发生可能侵害公共利益、企业利益的经济业务往来。并且，《办法（试行）》提出重点防止国企工作人员及其近亲属或特定关系人利用参与企业重组改制、定向增发、兼并投资、土地使用权出让等决策、审批过程中掌握的信息买卖股票，或利用职权或者职务上的影响通过购买信托产品、基金等方式非正常获利。

围绕接受利益问题，明确国企工作人员不得直接或通过近亲属、特定关系人接受可能影响正当行使职权、履行职责的财物和明显低于市场公允价格的折扣或者优惠等。

围绕社会交往问题，明确国企工作人员不得接受可能影响正当行使职权、履行职责的宴请或旅游、健身、娱乐等活动安排，不得参与赌博活动或者与工作对象进行带有博彩性质的娱乐活动。

围绕借贷问题，明确国有企业工作人员及其近亲属、特定关系人或以他人名义向工作对象借贷款或参与民间借贷等金融活动时，资金达到一定数额，应当以书面形式向所在企业报告。

（2）国企领导人员。

国企领导人员在重大事项决策、重要人事安排、重大投资活动、财务管理、招标采购、国有产权转让、受让非国有单位资产或产权、资产重组、引入战略投资者、企业改制上市和上市并购重组、定向增发、薪酬分配、兼职取酬、辞职后从业、亲属从业等方面应严格执行廉洁从业行为规范以及履职待遇、业务支出等规定。

3. 防止利益冲突措施

要求企业建立报告、回避、监督、处罚等机制，编制统一的廉洁自律承诺书、回避申请表模板，形成利益冲突防范管理闭环，促使国有企业领导人员及其他工作人员廉洁从业。在处罚方面，分别按违反《办法（试行）》、违纪违规、涉嫌违法犯罪等不同情形，按情节轻重予以分类处理，体现制度的刚性。

制定出台《办法（试行）》不仅有助于防范国有资产流失，强化广大国企工作人员的规矩意识和廉洁意识，更有助于有效防范廉洁从业风险，形成风清气正的企业政治生态。

四、国外企业防止利益冲突制度制定研究

（一）代表性国家防止利益冲突立法概况

1. 英国

英国的做法，概括而言有如下几方面：①

第一，加强立法。早在1889年英国就出台了首部涉及企业反腐败问题的法律——《公共机构腐败行为法》。该法令特别禁止公共机构的任何人员在与公共机构有关的任何交往过程中收受或者要求收受、同意收受任何形式的礼物、贷款、费用、酬劳或利益；同样，此类人员也被严格禁止在此类事务中承诺或提供任何形式的礼物、贷款、费用、酬劳或利益。也就是说，公共机构成员或官员的主动或被动受贿均被定义为腐败行为。犯有此类罪行的公务人员可处以6个月至7年的监禁，或者加上不设上限的罚款。此外还包括对某些政治权利的剥夺。例如，除了解除职务以外，还规定，从犯罪之日起的5年内相关人员不得担任任何公职；如果第二次犯类似罪行，则永远不得担任任何公职，而且，在从犯罪之日起的5年内，剥夺其在议会和其他任何公共机构选举中的投票权和选举权，此外还有可能被剥夺获得养老金的权利。②

---

① 姜泓蛟. 国有企业管理中的腐败问题研究［D］. 长沙：湖南农业大学，2014：41-43.

② 高蓝. 英国的反腐败法律法规介绍（一）［EB/OL］.（2011-04-25）［2023-10-13］. http：//www. sxfj. gov. cn/news/10909004. html.

第二，设置多层次、多职能的反腐败机构。英国的反腐败机构体系由议会和议会监察专员机构、国民健保反欺诈部、地方监察部、重大犯罪办公室组成。

第三，有效运用媒体监督。英国企业的各类费用涵盖工资、加班费、车贴、津贴、奖金等，不仅在公司内部的系统内可以调取，大型公司还须向政府报备，以确保公司的经济活动、经营活动高度透明。

2. 俄罗斯[①]

早在叶利钦时代，俄罗斯的腐败现象就非常严重，有些人利用贿赂的方式低价购买苏联的国有企业。腐败在俄罗斯的企业经营中也十分猖獗。俄罗斯企业中的贿赂、买职位现象屡见不鲜。大中型企业的子公司总经理以上职位标价 66 万~90 万美元，级别较低的部门经理、工程师也标价 32 万~40 万美元。

鉴于此，梅德韦杰夫担任总统期间，成立了直属总统管辖的反腐委员会，规定无论是公务员还是公司制企业负责人，受贿金额在 3000 卢布以内的，处以 50 万卢布的罚款；数量巨大的将被处以财产没收。另外，俄罗斯总检察院也开设了信访接待网站，通过现代化的手段来打击各种腐败。

3. 瑞典

在瑞典，任何一个公民都能够调取到瑞典王室、官员、企业管理人员的资产和纳税清单。企业的管理人员，无论是高层还是普通管理人员，在购买大宗资产时，都要将交易细节公之于众。北欧国家的公民普遍不会因为贪婪而铤而走险，毕竟腐败成本太高了。[②]

（二）启示

通过上述研究，我们发现国外的防止利益冲突往往采取财产申

① 姜泓蛟. 国有企业管理中的腐败问题研究［D］. 长沙：湖南农业大学，2014：42.
② 姜泓蛟. 国有企业管理中的腐败问题研究［D］. 长沙：湖南农业大学，2014：42.

报、经济控制、提升激励、强化约束、加大惩戒力度、提高违法成本等措施，值得我们借鉴。约束机制的完善，让受监督的对象没有空间没有机会进行贪污腐败；加大奖励激励，让受监督对象不想腐败；加大惩处力度，提高腐败成本，提升对受监督对象的威慑力，让受监督对象不敢腐败。

五、国有企业防止利益冲突制度体系之构建

2016年10月，在全国国有企业党建工作大会上，习近平总书记强调："国有企业领导人员是党在经济领域的执政骨干，是治国理政复合型人才的重要来源，肩负着经营管理国有资产、实现保值增值的重要责任。国有企业领导人员必须做到对党忠诚、勇于创新、治企有方、兴企有为、清正廉洁。国有企业领导人员要坚定信念、任事担当，牢记自己的第一职责是为党工作，牢固树立政治意识、大局意识、核心意识、看齐意识，把爱党、忧党、兴党、护党落实到经营管理各项工作中。面对日趋激烈的国内外市场竞争，国有企业领导人员要迎难而上、开拓进取，带领广大干部职工开创企业发展新局面。"① 习近平总书记的重要论述，为我们制定国有企业防止利益冲突制度指明了方向，提供了根本遵循。

我们在制定防止利益冲突制度时，一定要牢牢抓住国有企业领导人员廉洁从业这个关键。通过制度约束，让国有企业领导人员能忠实地履行其经营管理者的职责，在担任职务和执行公务中，避开涉及本人及其亲属利益的行为；限制各种关系对国有企业领导人员履行职责可能产生的影响，既便于国有企业领导人员摆脱各种关系的干扰，忠实履行职责，创造工作业绩，又能在一定程度上防止国有企业

① 习近平出席国企党建工作会议：坚持党对国企的领导不动摇［EB/OL］.（2016-10-11）［2023-10-13］. http：//cpc. people. com. cn/n1/2016/1011/c64094-28770122. html.

领导人员以权谋私，阻止不正之风和腐败现象的滋生和蔓延。

目前，国企改革进入深水区、攻坚期，很多改革没有先例可循。建立健全国有企业防止利益冲突制度，从源头预防腐败，就显得尤其重要。现阶段做好防止利益冲突的核心工作，就在于围绕权力和利益之间的关系，从制度层面对权力与利益作出合理安排，阻断国企党员领导干部以权谋私的通道，使公共权力与私人利益相分离，从而达到有效预防腐败的目的。为此，国企党员领导干部必须正确处理好自己的私人利益与公共利益的关系，不能让私人利益破坏廉洁从业的公正性、客观性，否则必然会产生权力滥用现象，使其沦为谋取个人私利的工具，侵害大众与国家利益。因此，从一定意义上讲，防止利益冲突的过程就是反腐败的过程。

建立健全国有企业防止利益冲突制度体系，主要应从以下方面着手。

（一）建立专门的国有企业防止利益冲突制度

目前，《国有企业领导人员廉洁从业若干规定》中有防止利益冲突的专门规定；《中国共产党纪律处分条例》《中国共产党党员领导干部廉洁从政若干准则》《中华人民共和国公务员法》等制度中虽然没有防止利益冲突的明确表述，但实际上有许多内容意在防止利益冲突。我们必须进行国有企业防止利益冲突的制度设计。主要内容应包含立法目的、国有企业管理人员定义、利益范围确定、利益冲突界定和基本原则等。避免和解决利益冲突的措施和程序应包括财产申报与公开的制度、利益冲突的回避制度。法律责任应当包括行政责任、民事责任、刑事责任。实施、监督机构和监督办法应当包括建立专门防止利益冲突的工作机构、公民监督与举报制度、舆论监督制度。

（二）制定国有企业防止利益冲突的特别制度

1. 国有企业管理人员财产申报与公示制度

在国外，把企业高管纳入财产申报公职人员范围是普遍做法。借鉴国外的做法，制定财产申报制度，把申报人员范围扩大到企业所有管理人员。按照不同的职级，确定公开的范围。要结合领导干部收入申报和个人有关事项报告等规定，增加申报内容和对象，对拒报、虚报行为设定切实可行的严惩措施，让财产申报真正成为制度常态①；建立违规国有企业领导人员个人资产处理制度，对其个人资产要采取资产出售、账户冻结和秘密托管等方式进行适当处理。② 通过财产申报与公示制度，打造利益冲突的隔离墙，切断腐败的源头。

2. 国有企业利益回避制度

从公务回避、利益回避、职务回避、特定关系人回避等多个方面，就具体回避情况作出具有可操作性的明确规定。国有企业领导人员不仅要回避直系亲属和姻亲的利益，而且要回避商业合作伙伴、亲朋好友以及特定关系人的利益。

3. 国有企业关联方交易监管制度

明确关联方的范围，提出关联方交易的管理、监督、回避和信息披露办法，从制度上切断利益输送的通道。每年开展一次企业关联方交易专项效能监察，对违规交易行为提出处理意见。

---

① 完善国企领导人员报告个人有关事项制度：（一）国有企业应当按照中央、省委、履行出资人职责机构的要求，把住房、投资、配偶子女从业和配偶子女移居国（境）外等情况列入报告内容。（二）领导人员报告个人有关事项制度执行情况应作为领导人员述职述廉的重要内容，在一定范围内公开。（三）建立领导人员报告个人有关事项抽查制度。国有企业党委（党组）每年要将领导人员报告个人有关事项情况向上级党委（党组）、纪委专题报告。上级党委（党组）、纪委应定期、不定期地进行抽查，重点抽查制度是否健全完善、报告内容是否真实完整等。对违反制度的严格实行责任追究。

② 舒武生. 对重点岗位防止利益冲突的思考［EB/OL］.（2011-09-05）［2023-10-13］. https：//xc. rednet. cn/content/2011/09/05/4571271. html.

4. 国有企业公开招投标制度

国有企业工程建设、物资采购、服务项目采购等活动应按规定纳入公开招投标范畴。招投标制度主要包含：制定领导人牵头和纪检、审计、法律、财务等部门以及职工代表共同参与的监督机制；建立职工评议制度，对招投标过程及结果是否合理提出评议意见；建立常态化倒查机制，每年选择部分企业进行抽查，重点对招标价格明显高于市场公允价格的招投标活动进行倒查；建立招投标过程的全监管制度，设立监督举报电话，对涉及招投标方面的举报线索一查到底。

5. 国有企业监督和处理制度

加强对领导干部利益冲突情况的监督检查；鼓励举报领导干部发生的利益冲突问题；通过批评教育、诫勉谈话、免职、责令辞职等多种形式，对发生的利益冲突问题及时作出处理。要针对领导干部配偶子女经商办企业、参股投资、兼职取酬及离职后高薪应聘同类企业等问题，建立健全私人利益与公共利益相分离的有效机制。①

总之，面对日趋激烈的市场竞争，只有一任又一任国企管理人员廉洁履职，才能确保国有资产保值增值，确保国企基业长青。

① 舒武生. 对重点岗位防止利益冲突的思考［EB/OL].（2011-09-05）［2023-10-13]. https：//xc. rednet. cn/content/2011/09/05/4571271. html.

第八章　国有企业反腐败教育制度研究

在十九届中央纪委四次全会上，习近平总书记强调：“一体推进不敢腐、不能腐、不想腐，不仅是反腐败斗争的基本方针，也是新时代全面从严治党的重要方略。”① 这一重要论断，是我们推进国有企业反腐败工作和党建工作的根本遵循。

“不想”指的是认知、觉悟、文化，要通过加强理想信念教育，提高党性觉悟，涵养廉洁文化，夯实不忘初心、牢记使命的思想根基，让党员、干部因觉悟而“不想”。②

廉政教育是党风廉政建设和反腐败斗争的基础性工作，是惩治和预防腐败体系的重要环节。推进廉政教育，尤其是推进新时代廉洁文化建设，培育“不想腐”的自觉和法治氛围，是一体推进“三不腐”的重要基础。

新时代，我们要认真学习、领会、贯彻习近平总书记关于加强新时代廉洁文化建设的系列重要论述，把加强廉洁文化建设作为一体推进不敢腐、不能腐、不想腐的基础性工程抓实，紧紧围绕“不想”这个根本，通过创新国有企业廉政教育机制，扎实推进新时代国有企业廉洁文化建设，构筑起拒腐防变的第一道屏障，促进国有企业的持续健康发展。

---

① 习近平在十九届中央纪委四次全会上发表重要讲话强调：一以贯之全面从严治党强化对权力运行的制约和监督 为决胜全面建成小康社会决战脱贫攻坚提供坚强保障［N］. 人民日报，2020-01-14.

② 何韬. 一体推进不敢腐不能腐不想腐是新时代全面从严治党重要方略［EB/OL］.（2020-03-13）［2023-10-11］. http：//fanfu. people. com. cn/n1/2020/0313/c64371-31630152. html.

一、国有企业反腐败教育制度设计的根本遵循和行动指南

2013 年 1 月 22 日，习近平总书记在第十八届中央纪律检查委员会第二次全体会议上指出：要加强反腐倡廉教育和廉政文化建设，督促领导干部坚定理想信念，保持共产党人的高尚品格和廉洁操守，提高拒腐防变能力，在全社会培育清正廉洁的价值理念，使清风正气得到弘扬。①

2013 年 4 月 19 日，习近平总书记在十八届中共中央政治局第五次集体学习时强调："思想纯洁是马克思主义政党保持纯洁性的根本，道德高尚是领导干部做到清正廉洁的基础。我们强调坚持德才兼备、以德为先，就是说要把思想道德建设放在十分突出的位置。我们要坚持从教育抓起，教育引导广大党员、干部坚定理想信念、坚守共产党人精神家园，不断夯实党员干部廉洁从政的思想道德基础，筑牢拒腐防变的思想道德防线。"②

2022 年 1 月 18 日，习近平总书记在十九届中央纪委六次全会上指出："领导干部特别是高级干部要带头落实关于加强新时代廉洁文化建设的意见，从思想上固本培元，提高党性觉悟，增强拒腐防变能力。"③

2022 年 10 月 16 日，习近平总书记在党的二十大报告中指出：

① 习近平在十八届中央纪委二次全会上发表重要讲话强调：更加科学有效地防治腐败 坚定不移把反腐倡廉建设引向深入［EB/OL］.（2013-01-22）［2023-10-11］. https：//news.12371. cn/2013/01/22/ARTI1358845053529302. shtml.

② 习近平. 运用历史智慧推进反腐倡廉建设［M］//习近平. 习近平谈治国理政：第一卷. 北京：外文出版社，2018：391.

③ 习近平在十九届中央纪委六次全会上发表重要讲话强调：坚持严的主基调不动摇 坚持不懈把全面从严治党向纵深推进［N］. 人民日报，2022-01-19.

“加强新时代廉洁文化建设，教育引导广大党员、干部增强不想腐的自觉，清清白白做人、干干净净做事，使严厉惩治、规范权力、教育引导紧密结合、协调联动，不断取得更多制度性成果和更大治理效能。”①

习近平总书记在党的二十大报告中强调，“加强理想信念教育，引导全党牢记党的宗旨，解决好世界观、人生观、价值观这个总开关问题”②。

习近平总书记在党的二十大报告中指出，“党的领导是全面的、系统的、整体的，必须全面、系统、整体加以落实”③。

习近平总书记关于加强新时代廉洁文化建设的系列重要论述，为推进新时代国有企业廉洁文化建设提供了根本遵循和行动指南，也是我们进行国有企业反腐败教育制度设计的根本遵循和行动指南。

我们要通过制度设计，大力培育新时代国有企业廉洁文化，让廉洁成为国有企业领导、员工的一种追求、一种自觉、一种态度，着力打造清廉国企。

我们要通过制度设计，把廉洁文化建设纳入企业党风廉政建设和反腐败工作要点，融入党建品牌创建、基层组织建设、党员教育管理；把廉洁文化建设纳入履行管党治党责任、领导干部述责述廉重要内容，建立健全配套完善、细化量化的责任落实、考核评价体系；把廉洁文化建设纳入企业生产经营管理、改革发展稳定工作，形成党委（党组）统一领导、纪委（纪检监察组）组织推动、部门各负其

① 习近平. 高举中国特色社会主义伟大旗帜 为全面建设社会主义现代化国家而团结奋斗：在中国共产党第二十次全国代表大会上的报告（2022 年 10 月 16 日）［N］. 人民日报，2022-10-26.

② 习近平. 高举中国特色社会主义伟大旗帜 为全面建设社会主义现代化国家而团结奋斗：在中国共产党第二十次全国代表大会上的报告（2022 年 10 月 16 日）［N］. 人民日报，2022-10-26.

③ 习近平. 高举中国特色社会主义伟大旗帜 为全面建设社会主义现代化国家而团结奋斗：在中国共产党第二十次全国代表大会上的报告（2022 年 10 月 16 日）［N］. 人民日报，2022-10-26.

责、干部职工积极参与的工作格局。与此同时，建章立制，推动制度的体系化：在企业领导层面，健全完善“三重一大”决策、履职待遇和业务支出管理、个人有关事项报告等制度体系；在重要部门和重要岗位人员层面，健全完善管人管钱管物工作规程、岗位职责和廉洁自律制度规定；在一般员工层面，健全完善职业道德、行为准则等制度规定。①

我们要通过制度设计，发挥企业党委（党组）理论学习中心组的引领作用，把学习贯彻党的二十大精神作为当前和今后一个时期的首要政治任务，开展好廉洁教育，引导党员干部牢记党的宗旨，牢记新时代好干部标准和国有企业领导人员“二十字”要求，解决好总开关问题。增强廉洁自律内在动力，涵养风清气正政治生态。② 国有企业领导干部要以身作则管好配偶、子女，干净做事，廉洁齐家、戒奢尚俭。

二、国有企业廉政教育的现状与原因分析

（一）现状分析

目前，绝大多数国有企业的反腐败宣传、教育开展得有声有色，法治反腐的理念不断深入人心，“不想腐”的自觉也正在形成，充分显示了廉政教育的力量。

廉政宣传、教育是反腐机制中的一项基本任务，也是我们党的一项政治优势。强有力的思想政治教育工作可以使广大党员干部树立起科学、健康的事业观和权力观，从而在主观思想上树立起一道牢固坚实的反腐屏障。

---

① 雷光华. 扎实推进新时代国有企业廉洁文化建设［N］. 学习时报，2022-11-21.

② 雷光华. 扎实推进新时代国有企业廉洁文化建设［N］. 学习时报，2022-11-21.

但仔细分析与评估，发现国有企业的廉政教育仍然存在一些不足：

1. 廉政教育工作相对滞后，法治反腐宣传工作薄弱

就目前实际情况来看，国有企业部分领导干部对法治反腐宣传重视不够，往往将工作重点放在了如何提高经济效益上，导致思想建设尤其是反腐教育工作建设相对滞后。法治反腐宣传工作往往缺乏主动性，上面抓得紧而基层抓得松，宣传教育经费在逐年增加，但实际工作的效果却不明显。此外，国有企业反腐教育和宣传的工作方法也比较单一，缺乏符合实际需要的创新意义，不能引起领导干部和企业员工的主观认同和情感共鸣，使得反腐教育工作的实际效果大打折扣。①

2. 廉政教育内容缺乏针对性，廉政教育管理缺乏协同性

首先，有些国有企业的负责人认为，既然是上级安排的任务，那也就上级安排什么就学什么，至于和本企业现阶段的形势合不合拍、能不能起到教育作用，则不在考虑之列，很难使受教者在思想深处受触动。其次，廉洁教育方式缺乏灵活性。目前国企的廉洁教育仍然停留在读文件、做笔记、看录像、写心得的传统层面上，没有真正发挥互联网络的互动作用，效果自然不是很理想。最后，廉洁教育管理缺乏协同性。抓党风廉政教育，党政工团等各职能部门家家有份，各自有责，理应互相配合齐抓共管，但当前国有企业中，廉政教育似乎只落到了纪检部门一家身上，没有形成合力，削弱了党风廉政教育的声势和效果。

（二）原因分析

一是廉政教育组织体系不健全。改革开放以来，随着国有企业工

① 梁成. 加强国有企业反腐倡廉建设［N］. 甘肃日报，2014-11-28.

作重心的转移，由于领导人重视不够，政工这一符合中国国情，但又与世界通行的现代企业管理理念不太一致的工作岗位，也相应地被“边缘化”，处于一种比较尴尬的地位。最明显的特征就是政工科室一再被压缩、合并，专职政工人员一再减少。往往一级纪检部门，只有很少的几个人，什么都要抓，什么都要管，穷于应付也就在所难免。其他与党风廉政教育有关的政工部门，也是苦于人少事多，只好得不管处且不管了。

二是廉政教育工作开展的效果不易衡量。作为一项长期性、系统性工程，廉政教育所起的作用是潜移默化、润物无声式的，效果不像别的工作一样，立竿见影。大部分企业虽然都有党风廉政教育工作制度，但具体到党风廉政教育怎么搞、谁来抓，不同系统、不同部门、不同层次的人员怎么分工、怎么协调，定期落实哪些内容、发挥什么作用、起到什么效果，搞得好怎么办，搞不好怎么办，却没有一套量化的标准。干好干坏无法衡量，廉政教育工作出现流于形式的情况也就不足为奇了。

三是国有企业廉政教育促进机制不完善。没有健全的制度保障，单靠企业领导人的重视与推动，企业廉洁教育的开展是不可持续的。因而，建立健全国有企业反腐败教育促进机制刻不容缓。

三、国外推动反腐机制建设的实践

在反腐败方面，制度和舆论的束缚是外在的，而内心对廉洁的坚守才是铁律。因此，许多国家特别重视教育对反腐的作用，同时确保公职人员拥有适当待遇，如新加坡的“廉政保证金制度”。

国外的一些好的做法值得我们研究与重视。

（一）美国

美国极其重视反腐败教育，强化公务人员的廉洁意识。每名公务员在进入政府部门时，由部门廉政官员进行至少1个小时的廉政规定培训，使其明确哪些可以做、哪些不可以做，以及为其提供反腐败的有关信息、咨询、联系方式，针对不同行业、单位和不同岗位、职位提供相应的反腐败措施以及廉政忠告。美国政府道德办公室还负责对各部门官员的廉政培训，并对各部门开展廉政教育进行指导。①

（二）马来西亚与印尼

马来西亚近年来不断加强对公众和政府官员的廉政教育。该国反贪污委员会下辖有反贪污学院，负责对反贪污委员会和其他政府部门官员进行打击腐败和崇尚廉洁的教育，同时还组织开展反贪污领域的国际交流培训和对私人企业领域的反贪污教育等。该委员会还走进小学，开展了“我是除贪小英雄”的活动，让孩子们从小就在心中种下廉洁的种子。②

印尼也高度重视反腐宣传活动。印尼肃贪委在国际反腐败日（12月9日）到来之际，举办了反腐节活动。另外，肃贪委在电视、网络、机场、重要政府机关大规模投放反贪广告。此外，印尼在全国的小学、初中和高中都开设反腐课程，将反腐意识传给下一代。③

---

① 广州市纪检监察领导干部赴美培训考察组. 美国反腐败的运作机制及其启示［J］. 广州大学学报（社会科学版），2006（04）：8-12.

② 李良勇. 马来西亚：消除腐败要靠政府和公众的集体努力［N］. 中国纪检监察报，2015-01-19.

③ 中国反腐能从世界借鉴什么［EB/OL］.（2014-12-12）［2023-10-11］. https：//www. ccdi. gov. cn/lswh/hwgc/201412/t20141212_ 121925. html.

（三）德国

在德国，无论是学校、家庭教育还是宗教影响，都特别注重公民的品德教育，强调人格的塑造和完善。公务员廉洁奉公，与对其培训教育，以及严格的选拔录用、廉政考核和管理都有直接关系。同时，德国公务员有稳定的社会中等水平的收入和社会保险，一旦出现违法违纪行为，不但经济损失严重，而且名誉终生受损，自己及家人都会在社会上永远抬不起头。

德国的舆论监督力量非常强大，是预防和发现腐败的一种十分有效的形式。根据法律规定，检察院对腐败方面的报道，有义务进行调查。据介绍，德国有 100 多家电台、25 家电视台、27 家通讯社、380 多种报纸和 9000 多种期刊，大都是独资或合资的股份制企业。[①]为了吸引读者，专门收集政府要员和公务员的政治丑闻和绯闻，揭露腐败现象，只要内容属实，不泄露国家机密，即属合法。政府官员和公务人员的腐败丑闻和绯闻一旦曝光，往往会引咎辞职。

与此同时，德国执政党与在野党之间的政党监督、社会公众监督、律师和会计师等监督体系也相对完备，形成了全社会多层次、多角度的监督网络。这不但有利于引导人们自觉远离腐败、抵制腐败，而且给德国的反腐倡廉打下了良好的基础。

（四）法国[②]

自 20 世纪 80 年代以来，由于法国腐败案件增多，促使法国加强了反腐败的力度，制定了一系列法律法规，增设了许多新的机构。

1993 年法国成立了跨部门的“预防贪污腐败中心”。法国政府非

① 陈国荣. 德国如何塑造廉政文化环境［J］. 党课，2016（3）：82.
② 樊复. 法国的廉洁诚信教育［J］. 党课，2016（9）：80-81.

常重视廉洁和诚信教育，传播和营造以廉洁为荣、贪污为耻的道德传统和社会氛围，对公务员的廉洁自律有极大的影响力。

《法国公务员总章程》规定：公务员有权利享受经常性的职业培训，费用全部由国家承担，保证公务员培训的法制化和规范化。提高行政效率是公务员培训的落脚点，近年来，培训内容增加了廉洁教育，有的将重大腐败案件汇编成册，对公务员进行警示教育。在企业的教育管理方面，由出口委员会和伦理委员会制定预防腐败的有关规定，与大型企业和私营企业签订协议，要求企业作出承诺，达到预防腐败的目的。

上述国家的做法，大多是对公职人员而言的，但对完善我国国企反腐败教育制度也是有着一定的借鉴作用。

四、规范国有企业反腐败教育机制的意义

多年的实践证明，以法治思维和法治方式反对腐败，还需要发挥法治文化在反腐倡廉中的重要作用。要在全社会加强和改进法制宣传教育，大力培育公民意识、民主意识、规则意识和廉洁意识。同时加大治理腐败文化的力度，挤压“腐败亚文化”的生存空间，努力积聚强大的廉政“正能量”。

加强新时代廉洁文化建设，是持续深化不敢腐、不能腐、不想腐一体推进，惩治震慑、制度约束、提高觉悟一体发力的根本所在。

新时代，规范、创新国有企业反腐败教育机制，具有以下多重意义：

1. 有利于养成国有企业广大党员、干部、员工“不想腐”的自觉

当今社会人们思想活跃，价值观多元，通过坚持不懈地开展反腐倡廉教育，有助于引导党员干部坚定理想信念，树立正确的世界观、人生观、价值观、权力观、地位观和利益观，从而形成“不想腐”

的自觉。

2. 有利于增强国有企业党员、干部、员工的廉洁从业意识

廉洁教育能净化人的思想，帮助培养和形成廉洁意识，明确可为和不可为的行为界限，使人们在不知不觉中向良避恶、近廉远腐，达到防患于未然的目的；有助于党员干部形成稳定的价值取向，促进廉洁从业。

3. 有利于推进国有企业廉洁文化建设

开展经常性的廉洁教育，有利于推进国有企业廉洁文化建设，利用反面典型揭露腐败根源及其危害性，能时刻警醒党员干部，在思想上筑牢拒腐防变的堤坝，增强自我免疫能力。

4. 有利于防范国有企业领导人员发生违纪违法行为和腐败

思想是行动的先导，一个人的行为是由其思想支配的。一些国有企业领导人员腐败是思想道德失范，世界观、人生观和价值观扭曲错位的必然结果。因此，建立健全反腐败教育机制是防范国有企业领导人员发生违纪违法行为和腐败的根本举措。

五、国有企业反腐败教育机制的具体设计

深学细悟习近平总书记关于加强新时代廉洁文化建设的系列重要论述，按照中共中央办公厅印发的《关于加强新时代廉洁文化建设的意见》要求，以廉洁教育为核心，厚植廉洁底蕴基础，增强“不想腐”的自觉，夯实清廉国企之根基。

为此我们认为，必须建立健全以下反腐败教育机制。

1. 建立健全党风廉政教育责任制

通过制度设计，明确国有企业负责人对本单位党风廉政教育工作的责任，对落实情况严格考核，对达不成责任目标者，要追究主要领导的责任，使其真正从思想上对党风廉政教育工作重视起来。

2. 建立健全政工部门间的工作协调机制

通过制度设计，使党风廉政教育真正形成健全完善的“大宣教”格局。国有企业负责人必须统筹兼顾、协调推进，避免反腐败教育机制与企业其他工作脱节而形成“两张皮”，努力使教育机制与干部管理、考核评价等机制有机衔接，发挥整体效应，从而营造依法经营、诚实守信、廉洁从业的良好氛围和环境。①

3. 建立健全企业全员廉政教育长效机制

廉政教育是当前推进反腐机制建立的基础，国有企业必须建立廉政宣传教育机制，加大宣传力度，以企业领导人为重点，以全体员工为根本，形成人人知法、畏法、守法的良好法治氛围，筑牢“不想腐”的思想防线。要创新宣传教育方式，通过报刊、墙报、影视、网络、话剧等文化载体和舆论工具，以大众喜闻乐见的形式进行宣传教育，达到教育企业员工的目的。②

一是建立健全廉政党课制度。各级党员领导干部要围绕国有企业反腐败主题，定期轮流上廉政党课。

二是建立健全理想信念教育机制。预防腐败，教育是基础。要定期开展廉洁教育，使干部、职工远离腐败，筑牢“不想腐”的思想防线。

三是建立健全党纪条规和法律法规学习机制。抓好《中国共产党党员领导干部廉洁从政若干准则》《中国共产党纪律处分条例》和《国有企业领导人员廉洁从业若干规定》的学习贯彻工作，筑牢拒腐防变的思想防线，使国企领导者牢固树立正确的国企领导观，规范履职、清廉自守。

四是建立健全强化廉政示范教育、警示教育制度。如定期召开廉政示范、警示教育大会，每次集中剖析一个案件，用身边的人和事给

① 孙承凡，卢总臣. 国有企业惩防体系在经营管理中的应用［J］. 企业科技与发展，2011（2）：33-35.

② 梁成. 加强国有企业反腐倡廉建设［N］. 甘肃日报，2014-11-28.

企业员工打预防针、上廉政课、算廉政账，提高教育针对性。

五是建立健全诚信体系建设机制。领导人员诚信是企业诚信体系建设的核心，应当提高企业领导人员的诚信水平，把“守信为荣、失信为耻”的诚信理念教育纳入企业教育管理的长效机制建设中，采取多种多样的教育方式提升企业领导人员的诚信文化素质。建立以国有企业领导人员个人为主体的廉政档案和信用评价制度。对企业领导人员的重大决策失误、违法犯罪情况及企业非政策性原因长期亏损等情况进行详细记录，并制定相应的惩罚措施，加大失信成本。按诚信标准来规范领导人员的权力分配，形成企业领导人员“一处失信，处处制约”的良好机制，以促使国有企业领导人员做到依法经营、廉洁从业、诚实守信。尤其是加强对新进人员和新提拔干部的廉洁教育，扣好廉洁从业的第一粒扣子。[①]

六是建立健全企业廉洁文化建设机制。以“依法经营、廉洁从业、诚实守信”为企业廉洁文化的核心，建立廉政网络、廉政文化广场、廉政图书专柜及廉政影视角，坚持廉洁文化建设走上舞台，进入基层。通过廉洁文化建设教育、陶冶和影响企业职工，发挥其有效预防腐败的重要作用。把廉洁文化融入企业生产经营之中，融入党员干部职工的工作和生活之中。

七是建立健全“监察企业共建”制度。在监委指导下开展预防职务犯罪工作，采取监察官到国企授课、与职工交流等方式，讲解典型案例，时时警示党员干部廉洁奉公，增强领导干部的遵纪守法意识。

八是建立健全国际反腐败日宣传制度。通过制度设计，在 12 月 9 日国际反腐败日前后，集中开展反腐败宣传教育，进一步宣传法治反腐精神，让企业员工发自内心地形成“以腐为耻”的思想，凝聚深入推进国有企业反腐败立法的强大合力，全面营造风清气正的优良政治生态和良好氛围。

① 国有企业加强新时代廉洁文化建设的思路［EB/OL］.（2022-09-13）［2023-10-11］. https：//weibo. com/ttarticle/p/show？ id=2309404813228570968071.

九是建立健全“树清廉家风，建廉洁家庭”倡议书制度。让“不想腐”成为人们共同的心愿，养成全民“以腐为耻”的习惯，自觉远离腐败、反对腐败。

总之，必须持续不断地培育国有企业廉洁文化，使“不想腐”成为企业员工的共同价值追求和思想自觉，成为企业员工人人自觉遵守的从业规范，把廉洁精神自觉贯彻到实际工作与生活之中，才能营造良好的企业廉洁政治生态，为企业高质量发展提供坚强的思想与制度保障。

第九章 国有企业因应美欧的干扰破坏与境外廉洁风险对策研究

2013年，习近平主席首次提出“一带一路”倡议。随后，中国企业纷纷与“一带一路”沿线国家签署重大合作项目，海外贸易体量也随之增大，也带动了区域经济的高速发展，“一带一路”倡议也成为联合国的倡议，“一带一路”也成为全球共识。

“一带一路”倡议提出以来，我们取得了巨大的成绩。截至2022年7月底，中国已经同149个国家和32个国际组织签署200多份共建“一带一路”合作文件。目前，我国对外投资稳居世界前列。截至2022年8月底，中国与“一带一路”沿线国家货物贸易额累计约12万亿美元，对沿线国家非金融类直接投资超过1400亿美元。①

“一带一路”建设要行稳致远，离不开廉洁保驾护航。2017年5月，习近平主席在“一带一路”高峰论坛上高瞻远瞩地强调，中国要加强合作，将“一带一路”建成“廉洁之路”。② 目前，“将‘一带一路’建成‘廉洁之路’”已成为国际共识，越来越多的国际组织与国家响应与力行，在“一带一路”建设框架下开展反腐败国际合作。

---

① 共建“一带一路”九周年成绩单[EB/OL].(2022-10-01)[2023-10-11].https://www.yidaiyilu.gov.cn/xwzx/gnxw/281310.htm.

② 习近平出席“一带一路”国际合作高峰论坛开幕式并发表主旨演讲[EB/OL].(2017-05-14) [2023-10-11]. http://www.gov.cn/xinwen/2017-05/14/content_5193673.htm#1.

在此背景下，探究中国国有企业在境外所面对的廉洁风险[①]，构建国有企业海外反腐法律体系刻不容缓，也意义重大。唯有如此，才能确保把“一带一路”建设成为“廉洁之路”。

不可否认，虽然“一带一路”倡议已成为联合国倡议，共建“一带一路”已成为全球共识，但仍然会有一些国家和政客从“冷战”思维出发，从“地缘政治”出发，别有用心地抹黑“一带一路”倡议，干扰、破坏中国的境外项目。对此，我们不能不引起警惕。

一、国有企业境外项目遭遇美欧干扰破坏情况枚举与分析

据统计，2019年世界500强企业中国企业上榜数量达到129家，首次超过美国。2022年8月3日，《财富》杂志发布新榜，中国有145家企业上榜，居各国之首（连续四年第一）。美国124家企业上榜。中国上榜的企业绝大部分是国有企业。[②] 在中国国有企业不断发展壮大，境外直接投资的数量不断增加的情况下，以及中美贸易冲突常态化的背景下，美欧干扰破坏中国国有企业的国际竞争力的做法也就成为常态。

2021年12月，美国召开“民主峰会”并宣布将在美国国务院设立新的专门职位“全球反腐败问题协调员”。对此，中央纪委国家监委网站专门发文戳穿“美式反腐”，一针见血地指出：“由负责美国

① 根据国资委党委印发的《关于加强中央企业廉洁风险防控工作的指导意见》，廉洁风险是指中央企业人员利用职权谋取私利给企业带来危害性或负面影响的可能性。廉洁风险防控是指按照党风廉政建设责任制规定，由中央企业各责任主体共同实施的排查、识别、评估和防范的管理过程。根据中央纪委驻国资委纪检组印发的《关于加强中央企业境外廉洁风险防控的指导意见》，境外廉洁风险主要指中央企业可能违反驻在国的国内法律法规的风险，以及可能违反国际法律条文的风险。

② 宰飞，吴丹璐. 2022年“世界500强”企业榜中国企业数量居首［N］. 解放日报，2022-08-04.

外事的美国国务院进行‘反腐’，再次暴露了美式反腐败绝不是针对自身严重的腐败问题，不过是进行长臂管辖的又一伎俩。反腐败，是美国实行长臂管辖的最常用理由。美国出台《反海外腐败法》，推出国家安全备忘录将‘反腐败’和美国国家安全绑定，此次又设立‘全球反腐败问题协调员’等，种种做法，都是打着‘反腐败’的旗号对外干涉，打压对手，控制他国官员、企业家，妄图把长臂伸得更长，维持自身霸权。”“这样的美式反腐败，违反基本的国际关系准则，为国际社会所不齿，最终的图谋必然落空。”①

美国这种“名为反腐实为霸权”的做法，在全球造成了巨大的破坏和极坏的影响，尤其是针对中国的干扰破坏，在此略举几例。

2022 年 3 月，美国联邦通信委员会（FCC）撤销对中国太平洋网络公司及其全资子公司全美通讯网（ComNet）在美 214 电信运营牌照。3 月 17 日，中国商务部表态：“美方应立即停止对中国企业的无理打压，立即停止将经贸问题政治化的错误做法。中方将采取必要措施，坚决维护中国企业合法权益。”商务部指出，美方在缺乏事实依据的情况下恶意打压中国电信企业，违反最基本的非歧视和公平竞争原则，违反公认的国际经贸规则，扰乱正常的市场秩序，损害中国企业和包括美国用户在内的消费者合法权益，中方对此坚决反对。②

2022 年 9 月 21 日，在外交部发言人汪文斌主持的例行记者会上有路透社记者问：“周二，美国联邦通信委员会将中资电信企业中国联通、太平洋网络有限公司及其全资子公司信通列入威胁美国国家安全的清单中。外交部对此有何评论?”汪文斌回应：“这是美方借

① 兰琳宗. 美国务院设立“全球反腐败问题协调员”名为反腐实为霸权［EB/OL］.（2021－12－13）［2023－10－11］. https：//www. ccdi. gov. cn/yaowenn/202112/t20211213_157970. html.

② 王田. 美方打压中国企业，商务部：将采取必要措施维护中国企业合法权益［EB/OL］.（2022-03-17）［2023-10-11］. https：//www. 163. com/dy/article/H2M4JL1H051492T3. html.

口所谓‘国家安全’、滥用国家力量无理打压中国企业的又一案例。美方此举违反市场经济规则，破坏国际经贸秩序，严重损害中国企业利益，我们对此坚决反对。中方敦促美方立即纠正错误，停止无理遏制打压中国企业。我们将继续采取必要措施，坚决维护中国企业合法权益。”①

这两则新闻，反映的是近年来美欧干扰破坏中国企业境外项目数百起中的两起。

美欧干扰破坏中国国有企业的国际竞争力的图谋由来已久。自2008年国际金融危机爆发、世界经济疲软以来，美国等西方国家的一些人，包括高管与智库，别有用心地打击新兴市场国家和发展中国家的企业，尤其是对中国的国企更是极尽打压之能事。他们屡屡指责中国国企“依靠政策扶持”，“不公平竞争”，“不透明、效率低”。②在这些“妖魔化”中国国企言论的大肆宣传下，国企在境外的项目频频遭遇压制和干扰破坏。2011年，美中经济安全审查委员会指出中国国有企业及国家控制企业的规模占中国GDP比重已达到40%，美国时任副国务卿霍马茨提出，要从双边、诸边以及多边层面推进对贸易和投资领域国有企业规则的制定，遏制国有企业的不正当竞争优势。③

美国等西方国家通过打压中国国企起到敲山震虎乃至釜底抽薪的作用，维护自由资本主义体制，压迫新兴市场国家服从其主导的规则。无端给中国国企下绊子，实际上是一种保护主义做法，既不符合自由贸易精神，也有悖经济全球化大势。④ 大打贸易战，逮捕企业高管，除了阻止中国等国的企业在美国本土发展，还要限制其在全球范

① 美方将中资电信企业中国联通、太平洋网络及其全资子公司信通列入威胁美国国家安全的清单中，外交部回应［N］. 北京商报，2022-09-21.

② 钟声. 打压中国国企，救不了西方经济［N］. 人民日报，2013-04-11.

③ 王晨曦. 美国主导的国有企业国际造法：历史进程、核心内容及应对策略［J］. 南京理工大学学报（社会科学版），2021（1）：22-28.

④ 钟声. 打压中国国企，救不了西方经济［N］. 人民日报，2013-04-11.

围内与美国企业竞争。这是美国称霸全球的基本操作，近几年更是将矛头指向了复兴中的中国，对华为、中兴等中国公司不断地以各种名义实施制裁。[①] 美国不遗余力地滥用国家力量，不择手段蓄意抹黑和打压、破坏、干扰中国企业在海外的经营，其根本目的是维持世界霸主地位；频频在经济和科技方面对中国等打破美国优势的国家强加阻挠、打压，是要限制中国在技术和产业上升级，尤其是要遏制中国企业在高技术领域的发展。美国的做法，是一种赤裸裸的贸易霸凌，与全球自由贸易政策根本就是南辕北辙。[②]

但中国并不像日本与法国那样束手无策。北斗卫星导航系统的发展就是最好的例证。[③]

总之，我们要积极应对中美贸易摩擦，高度关注海外监管中存在的漏洞，避免被美国等西方国家放大、渲染和利用，影响企业利益甚至国家利益。重点关注美国等西方国家擅用的舆情攻击、市场限入、技术打压、窃取机密等手段，尤其是警惕美国反腐败名义下的长臂管辖、商业性目的驱动的劫掠，以及以孟晚舟事件为代表的在特定情况下的政治绑架等，未雨绸缪、提前应对。

当然，中国国有企业境外项目也会遭遇驻在国的廉洁风险，如何应对，也是我们必须考虑和研究的课题。

---

① 中奇，万铎，黄阳. 美国打压中国企业真的是为“国家安全”？［EB/OL］.（2020-07-14）［2023-10-11］. https：//new. qq. com/rain/a/20200714A07V1H00.

② 黄鑫. 美国肆意打压中企，掩盖不住心虚和焦虑［N］. 经济日报，2019-05-18.

③ 1983 年，我国的“两弹一星”元勋陈芳允院士提出利用两颗同步定点卫星进行定位导航的设想。1985 年，美国就公布了战斗机发射的反卫星导弹，意在向世界示威。随后，美国在中国与欧盟合作的伽利略计划中作梗，在核心技术上孤立、排挤中国，逼迫中国退出伽利略计划。但我们没有放弃，2007 年我们宣布反卫星导弹研制成功，实现与美国的互相威慑、制衡。同年，北斗 2 号首枚卫星发射成功。之后核心技术全部国产化，美国人再也无法阻止北斗系统前进的脚步。除了北斗，还有大型飞机、航空母舰、高铁，在这些领域，中国都是后来居上。当前国产芯片发展受到美国阻挠遇到了困难，但相信假以时日，我们有能力实现对美国的赶超。中奇，万铎，黄阳. 美国打压中国企业真的是为“国家安全”？［EB/OL］.（2020-07-14）［2023-10-11］. https：//new. qq. com/rain/a/20200714A07V1H00.

二、“透明国际”发布的“清廉指数”中对“一带一路”沿线国家的评估

根据权威的“中国一带一路网”统计，截至2022年7月底，中国已经同149个国家和32个国际组织签署200余份共建“一带一路”合作文件。①

国家具体名单如下：

非洲52国：塞舌尔、佛得角、博茨瓦纳、卢旺达、纳米比亚、圣多美和普林西比、苏丹、南非、塞内加尔、塞拉利昂、科特迪瓦、索马里、喀麦隆、南苏丹、几内亚、加纳、赞比亚、莫桑比克、加蓬、毛里塔尼亚、安哥拉、吉布提、埃塞俄比亚、肯尼亚、尼日利亚、乍得、刚果（布）、津巴布韦、阿尔及利亚、坦桑尼亚、布隆迪、乌干达、冈比亚、多哥、摩洛哥、马达加斯加、突尼斯、利比亚、埃及、赤道几内亚、利比里亚、莱索托、科摩罗、贝宁、马里、尼日尔、刚果（金）、中非、几内亚比绍、厄立特里亚、布基纳法索、马拉维。

亚洲38国：新加坡、阿联酋、卡塔尔、韩国、格鲁吉亚、沙特阿拉伯、阿曼、亚美尼亚、马来西亚、蒙古国、东帝汶、缅甸、柬埔寨、越南、老挝、文莱、巴基斯坦、斯里兰卡、孟加拉国、尼泊尔、马尔代夫、科威特、土耳其、黎巴嫩、巴林、伊朗、伊拉克、阿富汗、阿塞拜疆、哈萨克斯坦、吉尔吉斯斯坦、塔吉克斯坦、乌兹别克斯坦、泰国、印度尼西亚、菲律宾、也门、叙利亚。

欧洲27国：卢森堡、奥地利、爱沙尼亚、葡萄牙、立陶宛、拉脱维亚、斯洛文尼亚、意大利、波兰、捷克、马耳他、塞浦路斯、斯

① https：//www. yidaiyilu. gov. cn/list/c/slbk.

洛伐克、希腊、克罗地亚、黑山、罗马尼亚、俄罗斯、波黑、塞尔维亚、保加利亚、阿尔巴尼亚、匈牙利、北马其顿（原马其顿）、乌克兰、白俄罗斯、摩尔多瓦。

大洋洲 11 国：新西兰、斐济、瓦努阿图、巴布亚新几内亚、萨摩亚、纽埃、密克罗尼西亚联邦、库克群岛、汤加、所罗门群岛、基里巴斯。

南美洲 9 国：乌拉圭、智利、圭亚那、玻利维亚、委内瑞拉、苏里南、厄瓜多尔、秘鲁、阿根廷。

北美洲 12 国：巴巴多斯、哥斯达黎加、格林纳达、古巴、巴拿马、萨尔瓦多、多米尼加、特立尼达和多巴哥、安提瓜和巴布达、多米尼克、牙买加、尼加拉瓜。

从名单中可以看出，上述国家，大多数为发展中国家和欠发达国家。

如果再对照近几年“透明国际（Transparency International）”发布的“清廉指数（Corruption Perceptions Index）”，就会发现，上述国家中不少国家的得分都不高，也即不少国家都是腐败比较严重的国家。

如：据“透明国际”发布的 2021 年“清廉指数”的数据，在指数覆盖的全球 180 个国家和地区中，最高分 88 分，有 3 个国家并列第一，分别为丹麦、芬兰和新西兰；中国评分 45 分，列第 66 名，同时并列第 66 名的还有罗马尼亚、圣多美和普林西比、瓦努阿图。①

笔者认为：中国是一个清廉国家，以中国为参照系，在同中国签订“一带一路”合作文件的上述 149 个国家中，除文莱、波黑、萨摩亚、纽埃、密克罗尼西亚联邦、库克群岛、汤加、基里巴斯、安提瓜和巴布达等没有在清廉指数中找到外，还剩 140 个国家，可以大致分为六类②：

① https：//countryeconomy. com/government/corruption-perceptions-index.

② https：//countryeconomy. com/government/corruption-perceptions-index.

位居最清廉国家行列（前 10 名，得分 80~88 分）的仅仅 3 个：新西兰（并列第 1 名）、新加坡（并列第 4 名）、卢森堡（第 9 名），占比 2.1%。

位居比较清廉国家行列（第 11~34 名，得分 60~79 分）的仅仅 11 个：奥地利（第 13 名）、爱沙尼亚（第 13 名）、乌拉圭（第 18 名）、塞舌尔（第 23 名）、阿联酋（第 24 名）、智利（第 27 名）、巴巴多斯（第 29 名）、卡塔尔（第 31 名）、葡萄牙（第 32 名）、韩国（第 32 名）、立陶宛（第 34 名），占比 7.9%。

位居清廉国家行列（第 35~69 名，得分 45~59 分）的仅仅 28 个：拉脱维亚（第 36 名）、佛得角（第 39 名）、哥斯达黎加（第 39 名）、斯洛文尼亚（第 41 名）、意大利（第 42 名）、波兰（第 42 名）、格鲁吉亚（第 45 名）、博茨瓦纳（第 45 名）、多米尼克（第 45 名）、斐济（第 45 名）、捷克（第 49 名）、马耳他（第 49 名）、塞浦路斯（第 52 名）、格林纳达（第 52 名）、卢旺达（第 52 名）、沙特阿拉伯（第 52 名）、阿曼（第 56 名）、斯洛伐克（第 56 名）、希腊（第 58 名）、亚美尼亚（第 58 名）、纳米比亚（第 58 名）、马来西亚（第 62 名）、克罗地亚（第 63 名）、古巴（第 64 名）、黑山（第 64 名）、罗马尼亚（第 66 名）、圣多美和普林西比（第 66 名）、瓦努阿图（第 66 名），占比 20%。

位居有轻微廉洁风险（轻微腐败）的国家行列（第 70~108 名，得分 36~44 分）的仅仅 36 个：牙买加（第 70 名，44 分）、突尼斯（第 70 名，44 分）、南非（第 70 名，44 分）、加纳（第 73 名，43 分）、匈牙利（第 73 名，43 分）、科威特（第 73 名，43 分）、所罗门群岛（第 73 名，43 分）、塞内加尔（第 73 名，43 分）、布基纳法索（第 78 名，42 分）、保加利亚（第 78 名，42 分）、巴林（第 78 名，42 分）、贝宁（第 78 名，42 分）、白俄罗斯（第 82 名，41 分）、东帝汶（第 82 名，41 分）、特立尼达和多巴哥（第 82 名，41 分）、马尔代夫（第 85 名，40 分）、埃塞俄比亚（第 87 名，39 分）、圭亚那（第87名，39分）、摩洛哥（第87名，39分）、北马其顿（原马其顿）（第87名，39分）、苏里南（第87名，39分）、坦桑尼亚（第87名，39分）、越南（第87名，39分）、阿根廷（第96名，38分）、印度尼西亚（第96名，38分）、莱索托（第96名，38分）、塞尔维亚（第96名，38分）、土耳其（第96名，38分）、冈比亚（第102名，37分）、哈萨克斯坦（第102名，37分）、斯里兰卡（第102名，37分）、科特迪瓦（第105名，36分）、厄瓜多尔（第105名，36分）、摩尔多瓦（第105名，36分）、巴拿马（第105名，36分）、秘鲁（第105名，36分），占比25.7%。

位居较有廉洁风险（较腐败）的国家行列（第109~149名，得分26~35分）的有36个：阿尔巴尼亚（第110名，35分）、蒙古国（第110名，35分）、马拉维（第110名，35分）、泰国（第110名，35分）、塞拉利昂（第15名，34分）、萨尔瓦多（第115名，34分）、阿尔及利亚（第117名，33分）、埃及（第117名，33分）、尼泊尔（第117名，33分）、菲律宾（第117名，33分）、赞比亚（第117名，33分）、乌克兰（第122名，32分）、加蓬（第124名，31分）、尼日尔（第124名，31分）、巴布亚新几内亚（第124名，31分）、阿塞拜疆（第128名，30分）、玻利维亚（第128名，30分）、吉布提（第128名，30分）、多米尼加（第128名，30分）、肯尼亚（第128名，30分）、老挝（第128名，30分）、多哥（第128名，30分）、安哥拉（第136名，29分）、利比里亚（第136名，29分）、马里（第136名，29分）、俄罗斯（第136名，29分）、缅甸（第140名，28分）、毛里塔尼亚（第140名，28分）、巴基斯坦（第140名，28分）、乌兹别克斯坦（第140名，28分）、喀麦隆（第144名，27分）、吉尔吉斯斯坦（第144名，27分）、乌干达（第144名，27分）、孟加拉国（第147名，26分）、马达加斯加（第147名，26分）、莫桑比克（第147名，26分），占比25.7%。

位居最有廉洁风险（最腐败）的国家行列（第150~180名，得分0~25分）的有26个：几内亚（第150名，25分）、伊朗（第150名，25分）、塔吉克斯坦（第150名，25分）、中非（第154名，24分）、黎巴嫩（第154名，24分）、尼日利亚（第154名，24分）、伊拉克（第157名，23分）、柬埔寨（第157名，23分）、津巴布韦（第157名，23分）、厄立特里亚（第161名）、刚果共和国［刚果（布），第162名］、几内亚比绍（第162名）、科摩罗（第164名）、尼加拉瓜（第164名）、苏丹（第164名）、乍得（第164名）、布隆迪（第169名）、刚果民主共和国［刚果（金），第169名］、赤道几内亚（第172名）、利比亚（第172名）、阿富汗（第174名）、也门（第174名）、委内瑞拉（第177名，14分）、索马里（第178名，13分）、叙利亚（第178名，13分）、南苏丹（第180名，11分），占比18.6%。

从上述排列可知，在这140个国家中，排名和得分低于中国的国家共有98个。[①] 也即中国的国有企业会面临近百个国家的廉洁风险，尤其是还有得分低于26分的26个“最腐败国家”的廉洁风险。这不能不引起我们的重视。

此外，通过分析近几年世界银行治理指数和世界经济论坛非法支付和贿赂指标，我们也得出相似的结论：与中国签订“一带一路”合作文件的近半数国家的各项指数都不高，其国内的腐败案件和向外国企业索贿的现象也较多。因而，廉洁风险防控任务很重。

当然，中国国有企业境外项目还会面对国际反腐败、反贿赂的形势，如何应对、如何合规，也是我们必须考虑和研究的重大课题。

三、国际反腐败、反贿赂立法形势分析

如前所述，随着我国越来越多的企业参与“一带一路”建设，

① https：//countryeconomy. com/government/corruption-perceptions-index.

其面临的境外反腐败风险也越来越大，个别企业已经陷入了反腐败的旋涡。

2009年中国铁路集团公司和中国中信公司因涉嫌高速公路项目腐败遭到阿尔及利亚政府的司法调查。

2011年大连绿诺环境工程科技有限公司受到美国《反海外腐败法》的正式调查，成为我国第一家被该法调查的企业。

这样的案件越来越多，足以让人谈境外廉洁风险而色变。

我国国企需要对国际反腐败制度、反腐体系以及自身应承担的反腐败义务有足够清醒的认识，远离腐败犯罪是从事海外经营活动的底线。

（一）国际反腐败、反贿赂合规运动的缘起与立法概览

在美国的主导下，从20世纪70年代起，在全球兴起了一场反腐败、反贿赂的合规运动。

这场起源于美国的合规运动，主要目的是通过合规运动，替美国剪除敢于挑战的竞争对手，当然在客观上也有利于推动国际投资、贸易的廉洁性。

20世纪70年代，美国军工企业洛克希德公司以巨款贿赂日本首相田中角荣的丑闻曝光，极大损害了美国企业的国际信誉，也直接导致美国《反海外腐败法》（以下简称FCPA）的出台并生效，成为第一部防范本国企业在海外进行商业贿赂的法案。该法案的“反贿赂条款”和“会计账目条款”值得重视，这是足以让各国跨国公司胆战心惊的“杀手条款”。该法案同时明确了执法机关是美国司法部和证监会。[①] 该法案的覆盖范围主要是美国国民、公民及居民。后于1988年和1994年两次修订。之后，美国极力说服主要合作伙伴也开

① 李明双. 国际工程承包企业海外反腐败风险管控［J］. 国际经济合作，2014（2）：73-76.

展类似的立法。1998 年对该法案进行第三次修订，将法案的管辖范围扩大到在美国境内开展经营业务的外国企业或自然人。由于一直受到美国企业的抵制，所以在相当长的时间内，该法案没有生效。但随着 2002 年《萨班斯-奥克斯利法案》和 2010 年《多德-弗兰克法案》的出台，FCPA 才得以真正发力，FCPA 涉及跨国企业的调查数量和处罚金额急速攀升。

受美国影响，英国、加拿大、韩国等国家也陆续出台了类似反海外腐败的法律。如：2011 年英国的《反贿赂法案》，处罚范围涵盖了在英国开展业务的任何公司，而且不管公司总部位于哪个国家。该法案不仅禁止跨国公司向外国官员行贿，还禁止企业间的商业贿赂行为。

与此同时，许多西方发达国家及有关国际多边组织都针对腐败、贿赂专门立法。

1997 年，在美国的提议下，经济合作与发展组织（OECD）提出《关于打击国际商业交易中行贿外国公职人员行为的公约》（以下简称《OECD 反腐败公约》），明确禁止贿赂外国官员。于 1999 年开始生效。截至 2018 年 6 月，共有 44 个国家签署了该公约。

2003 年，联合国制定了《联合国反腐败公约》供各国签署，并于 2005 年生效。这部被称为反腐败“圣经”的国际法律文件，是国际社会第一部用于指导预防与惩治腐败、加强反腐败国际合作、规范资产追缴与追逃贪官等问题的法律规范，是国际反腐败合作的里程碑。

之后，一些国际组织，如美洲国家组织、国际商会、世界银行、非洲发展银行、国际货币基金组织、欧洲理事会等，在美国的要求与支持下，也相继出台海外反腐国际文件等。如：非洲国家联盟制定的《预防和惩治腐败公约》，美洲国家组织制定的《美洲反腐败公约》，世界银行制定的《采购指导方针》《咨询顾问指导方针》和《反腐败指导方针》，欧洲理事会制定的《反腐败民法公约》《反腐败刑法公约》和《欧盟反腐败公约》，以及二十国集团制定的《G20反腐败行动计划》。另外，国际商会也出台了《国际商会抗击腐败规则》《国际商会反腐败条款》等规则与规范性文件。

（二）国际反腐败、反贿赂合规运动的内容与效果、威慑作用

《联合国反腐败公约》有几大具体规范值得重视与研究。该公约第四十二条规定了各缔约国的立法和执法管辖权。为了不让高度流动性的犯罪分子因为管辖权上的漏洞逃脱起诉，在《公约实施立法指南》中进一步扩大了缔约国管辖权的范围。刑事管辖权的扩大，意味着同一行为可能构成双重法域犯罪甚至多重法域犯罪。《联合国反腐败公约》规定了以自然人犯罪为主，以法人犯罪为补充的犯罪主体资格。对于缔约国来说，即使国内法没有规定法人犯罪，也必须承担惩治法人犯罪的义务。该公约要求各缔约国必须建立有助于预防和发现腐败的财务和会计监督系统，确保企业的账目和报表符合适当的审计和核查程序。为此，该公约规定了六项禁止性义务，即不得设立账外账户、进行账外交易、使用虚假单据、谎报支出用途、虚列支出、故意销毁账簿。《联合国反腐败公约》第三章“定罪和执法”第十六条规定只要有直接或间接向外国公职人员或者国际组织官员许诺给予、提议给予或实际给予公职人员本人或其他人员或实体不正当好处的就构成犯罪。在刑罚措施上，如果法人实施了该公约规定的五类犯罪，将会受到包括罚款、禁止与政府签约、没收法人财产，以及关闭法人实体等惩罚。[①]《联合国反腐败公约》还规定，各缔约国必须建立有助于预防和发现腐败的财务和会计监督制度。保持清晰的财务会计记录是反腐的重要措施，因为完整清晰的会计记录不仅可以预防犯罪，还能为犯罪留下证据。[②] 这些规定，都可以在

① 张浩. 国际工程项目腐败治理研究［J］. 海峡法学，2016，18（1）：68-78.
② 张浩. 国际工程项目腐败治理研究［J］. 海峡法学，2016，18（1）：68-78.

各国适用，具有约束力。

《OECD反腐败公约》明确要求签署国将向外国官员行贿的行为认定为腐败犯罪，并且提出公司不得设立虚假账目掩盖行贿行为。从2005年起，“透明国际”开始对OECD国家履行《OECD反腐败公约》的情况进行评估，2018年的评估结果显示奥地利、加拿大、芬兰和韩国打击跨国腐败的力度不足。[①] 2009年OECD理事会通过了《关于进一步打击国际商业交易中贿赂外国公职人员行为的建议》，要求各成员国建立对海外贿赂行为进行举报的规定，并提出各成员国要加强对本国公职人员对抵制海外贿赂的廉洁教育。此外，《OECD跨国企业指导原则》中也有关于跨国企业如何建立合规制度、杜绝海外腐败的建议指南。[②] 这些文件与规定，在OECD内部同样具有约束力。

世界银行在反海外腐败方面也开展了诸多工作。1996年，世界银行发布了《采购指导方针》和《咨询顾问指导方针》，其中对在货物或服务采购、咨询顾问选择或任何相关合同执行中有欺诈或腐败行为的认定进行了具体规定，并据此采取措施。2006年，世界银行发布了《反腐败指导方针》，进一步明确了腐败行为的定义，即直接或者间接地提供、给付、接受、介绍任何有价值的物品，不正当地影响另一方的行为。世界银行认为提出向另一方支付腐败款项即构成腐败行为，无论对方是否接受或贿赂、是否达到了目的，均可加以制裁。2010年，世界银行《诚信合规指南》正式生效，提出企业制定并实施符合要求的合规诚信体系，是有条件解除取消资格制裁、提前解除取消资格制裁的主要条件。这些方针至今发挥着重要作用，截至2019年10月，世界银行的制裁名单上仍然有近2100家全球范围内的

① Transparency International. Exporting Corruption—Progress Report 2018: Assessing Enforcement of the OECD Anti-Bribery Convention [EB/OL]. (2018-09-12) [2023-10-11]. https://www. transparency. org/whatwedo/publication/exporting_ corruption_ 2018.

② 宋伟，周磊. 反海外腐败的法律与制度：国际比较与中国方案 [J]. 行政管理改革，2020 (1): 76-84.

企业和个人在列。[①] 世界银行内设诚信局（Integrity Vice Presidency，IVP），专门负责对于世界银行资助项目中的欺诈和腐败行为进行调查和追责，对于投资项目贷款借款人存在的“腐败行为”“欺诈行为”“串通行为”“施加压力”“阻碍行为”等均可开展调查并进行制裁。其制裁的范围不仅包括直接实施可制裁行为的企业，还可以延伸制裁该企业的关联企业，不论关联企业是否直接参与了可制裁行为。此外，世界银行还于2010年与亚洲发展银行、非洲发展银行集团、欧洲复兴开发银行、美洲开发银行集团签订《共同实施制裁决议的协议》，对腐败、欺诈等行为可以实施联合制裁。[②] 其威慑与影响自然不容小觑。

亚太经济合作组织（APEC）在反海外腐败立法方面成绩不凡。2004年以来，陆续发布了《圣地亚哥反腐败和确保透明度承诺》《APEC圣地亚哥反腐败与提高透明度行动计划》《新加坡反腐败宣言》《APEC关于提高政府执行力和反腐力度的指导意见》《北京反腐败宣言》等指导性很强的规范性文件，并成立了APEC反腐执法合作网络。《北京反腐败宣言》明确提出“根据各自法律，加强与腐败官员及其非法所得跨境活动相关的信息共享，以最大限度地打击腐败、贿赂与非法资金流动”，这为亚太地区共同打击跨境腐败提供了指南。[③]

美国FCPA是第一部防范本国企业在海外进行商业贿赂的成文法。该法对国际社会反腐产生了深刻和长远的影响。该法主要由三部分构成：一是反贿赂条款，禁止企业为获得或者维持目前或潜在的合同关系，向美国以外政府官员提供或给予任何有价值的物品，包括钱

---

① 宋伟，周磊．反海外腐败的法律与制度：国际比较与中国方案［J］．行政管理改革，2020（1）：76-84．

② 刘炯，胡岚岚．反贿赂：你不可不知的跨境合规风险［EB/OL］．（2019-06-17）［2023-10-11］．https：//www．thepaper．cn/newsDetail_ forward_ 3653091．

③ 宋伟，周磊．反海外腐败的法律与制度：国际比较与中国方案［J］．行政管理改革，2020（1）：76-84．

物、服务或利益；二是账簿记录，要求上市企业保持精准的账簿和会计记录，确保企业的透明度，严禁企业为了隐藏其不正当海外支出事项而采取不入账或虚假做账等行为；三是内部控制，要求上市企业建立完善的会计及财务控制体系。

在犯罪管辖权上，该法既包括所有美国公民、国民、居民、公司，也包括在美国上市的外国公司，董事、高管、雇员和第三方机构(如律师事务所、会计师事务所、融资机构、公关机构)。即使一家公司完全是中国企业，如果在美国上市，该法就有管辖权，比如中国石油天然气股份有限公司、中国移动通信集团有限公司等，它们在世界范围内投资，如果有腐败行为，就有可能受到该法的调查。如果企业没有在美国上市，但腐败行为的决策或支付行为在美国境内进行，或在美国境内发生一定的关联或通信，如邮件、银行系统，该法也有司法管辖权，因此我国的企业有可能在不知情的情况下卷入美国司法机构的反腐调查。该法还规定子公司与母公司连坐制度，如果海外的子公司向外国公职人员行贿，母公司要承担相应的责任，这在很大程度上迫使母公司约束海外的子公司。

在犯罪构成上，该法规定行贿成不成功并不重要，只要有动机甚至许诺就是犯罪，并且规定通过他人间接行贿按直接行贿处理。FCPA 的执法机构是美国司法部和证监会。证监会针对的是在美国上市公司的腐败行为，司法部监管的范围包括上市公司和未上市公司。FCPA 在处罚措施上有民事处罚、行政处罚和刑事处罚。

执法机构有一个撒手锏，即严格追究企业犯罪中的个人的责任(不仅包括行贿的公司员工，还包括授权行贿或故意无视行贿行为的管理人员)。在执法时，常以公司董事、员工、代理或股东等个人作为起诉对象，以之为突破口扩大调查。因为在通常情况下，当个人面临监禁或高额刑事罚金的处罚时，往往会选择通过配合调查来换取减刑或暂缓起诉。这样就吸引了更多的合作证人自首、配合调查等，由此展开更多的 FCPA 调查。在 2017 年反海外腐败犯罪案件中，有近 70% 的案件涉及对个人的起诉，被诉人数多达 23 人，几乎是 40 年来的最高纪录。[①]

2010 年美国政府颁布《多德-弗兰克法案》，设立举报人制度，规定举报人可以获得罚款额 10% 至 30% 的奖励。该法案的通过，使得 FCPA 更加有效和实质性地运转。

经过 40 多年的发展，美国 FCPA 所倡导的治理腐败的模式已经由单边行动发展成为多边共识，并且其主要规范已经成为国际公约和诸多国家国内立法的参考文本。[②]

美国司法部和证监会先后对沃尔玛、戴姆勒、西门子、惠普、必和必拓、强生等跨国企业巨头发起 FCPA 调查。在 FCPA 调查过程中，涉案企业不仅需要支付巨额的诉讼费用和潜在的天价罚款，还会在品牌形象等无形资产方面遭受巨额损失，甚至会对企业生存发展造成致命打击。[③]

尽管从法律条款来看，FCPA 调查只针对在美国证券交易所上市的公司、美国公司、持有美国国籍者、在美国有住所者，但从法律实践来看，FCPA 调查适用范围正在不断扩大，使用美国的通信手段、银行账号进行海外贿赂，以及与美国公司同谋或在美国上市公司开展商业贿赂等行为，也都属于 FCPA 调查范围。正是在这样的背景下，既没有在美国上市，也不是美国本土公司的工程承包企业（如 Technip、Snamprogetti 和 JGC），因为与美国公司在海外贿赂上形成同谋关系，也要接受 FCPA 调查，并付出了巨额的和解费以及与调查和诉讼相关的法律服务费用，极大地增加了工程承包企业海外业务运

① Gibson，Dunn&Crutcher LLP. 2017 Year-End FCPA Update [EB/OL].（2018-01-02）[2019-11-17]. https：//www. gibsondunn. com/2017-year-end-fcpa-update/.

② 张浩. 国际工程项目腐败治理研究 [J]. 海峡法学，2016，18（1）：68-78.

③ 李明双. 国际工程承包企业海外反腐败风险管控 [J]. 国际经济合作，2014（2）：73-76.

营过程中的风险。[①]

工程承包商的营业利润率一般维持在8%左右，利润较为微薄。一旦涉及海外反腐败调查，一般都以贿赂金额为基准，根据情节被处以数倍的罚金。一旦涉入海外反腐败调查，企业遭受的经济损失必然是巨大的。以Technip、KBR和JGC这三家公司为例，其2009年的净利润分别仅为1.7亿欧元（约合2.2亿美元）、2.9亿美元和271亿日元（约合2.7亿美元），基本与罚款数额相当。由于国际上领先的工程承包商大多是上市公司，遭遇FCPA调查，不仅要面临巨大经济处罚，对品牌形象也会造成极大的负面影响，随之而来的是股价的大幅下滑，以及企业融资成本的快速上升。[②]

又如，2016年几内亚前任矿业部长在美国纽约被捕，美国政府依据该国FCPA指控该部长收受一家中国公司850万美元的贿赂而非法将该国的矿业权益给予该公司。由于该部长用受贿资金在美国购买了房产，故美国法律有管辖权。同时，部分西方媒体借机大肆炒作所谓中国"控制"驻在国政府，来抹黑中国的国际形象。[③]

再如，截至2021年12月底，世界银行制裁"黑名单"上已有256家中国企业。对于被列入"黑名单"的企业，因涉嫌在当地欺诈与贿赂，将在一定期限内被禁止接受世界银行资助型项目。这些企业在当地的项目也大面积被禁止，在一定程度上影响了企业的健康发展，也损害了我国政府和企业的国际声誉，[④] 且给我国"一带一路"建设带来不可估量的政治风险和负面影响。

此外，还有如下法律法规值得关注：美国《联邦商业机构检控

① 李明双. 国际工程承包企业海外反腐败风险管控［J］. 国际经济合作，2014（2）：73-76.

② 李明双. 国际工程承包企业海外反腐败风险管控［J］. 国际经济合作，2014（2）：73-76.

③ 赵晨曦，于清. 中资企业海外反腐思考［J］. 国际工程与劳务，2017（7）：65-66.

④ 田海. 中国国有企业海外投资中腐败防控问题研究［J］. 特区经济，2022（9）：43-46.

原则》（1999）、英国《反贿赂法案》（2011）和法国《萨宾第二法案》（2016）。

1999年6月，美国司法部颁布《联邦商业机构检控原则》。作为FCPA的执法机构之一，司法部在针对企业进行FCPA执法时，有关是否启动调查、是否撤销调查、是否以延迟检控协议或免予检控协议方式处理案件等问题，主要是依据《联邦商业机构检控原则》而进行处理。《联邦商业机构检控原则》罗列了美国司法部在执法时应考虑的九项因素，其中至少有三项与公司合规体系相关：①公司内部违法行为存在的普遍性；②公司事先合规体系的存在及其有效性；③公司事后的救济行为。①

2011年4月，英国《反贿赂法案》正式生效。与FCPA相比，其主要特点在于覆盖面更广、惩治力更强，因此，被称为目前全世界最严厉的反贿赂法律。其第七条明确规定，如果一家企业的关联人员（包括为该企业服务或者代表该企业行事的人员）为谋取该企业的不当利益而行贿，则该企业即触犯“商业机构未能预防贿赂罪”。还规定，如果该企业能够证明其内部已经建立充足的内控程序用以防止此类不当行为的发生，则可以以此为抗辩理由主张该企业本身免于承担刑事责任。由此可见，该法案通过创设“商业机构未能预防贿赂罪”，鼓励企业建立并维持一套有效的内控合规体系，用以防止贿赂行为的发生。②

2016年12月10日，法国《萨宾第二法案》出台。该法案的制定在很大程度上以美国FCPA为基础，同时包含了法国的许多特殊性。其大部分规定于2017年6月11日生效并适用。该法案明确规定建立合规制度是企业及其高管人员必须履行的积极义务，否则即使

① 英美法及世界银行反腐败合规体系建设的普遍要点［EB/OL］.（2019-08-20）［2023-10-11］. https://www.sohu.com/a/335152781_120051855.

② 英美法及世界银行反腐败合规体系建设的普遍要点［EB/OL］.（2019-08-20）［2023-10-11］. https://www.sohu.com/a/335152781_120051855.

没有实施贿赂行为，企业或其高管也可能受到处罚。根据《萨宾第二法案》第十七条，如果企业没有主动建立合规管理制度，处罚委员会有权对企业处以不超过100万欧元的罚款，并对高管个人处以不超过20万欧元的罚款。同时，处罚委员会还有权继续要求企业在不超过三年的期限内，完成合规制度的建立。[①]

总之，近年来，美国等西方国家对新兴市场国家，尤其是中国企业采取了更为严格的所谓合规审查与制裁措施，我国国有企业在欧美国家正常经营所面临的监管要求更为严苛，因为合规问题而遭受严厉处罚的风险显著提升。这其实是美国等西方国家站在反腐败、反贿赂制高点上打压其对手的冠冕堂皇的手段之一。我们应该重视这一问题，通过反海外腐败立法，提高透明度，依法管理好我国企业境外投资的国际形象。

四、境外项目腐败行为概念的界定及产生的原因

（一）境外腐败行为概念的界定

境外项目的腐败按行为方式分主要有交易型、占有型、挥霍型和决策型四种类型。[②]

交易型腐败包括在境外投资活动中，国有企业公职人员采取贿赂的方式来“购买”当地权力的庇护，进而获得行政审批、交易等优势或者个人不当利益。[③] 也包括国企公职人员为获得项目竞标成

① 李林蔚. 中国企业面临的海外合规监管趋势［J］. 法制与社会，2020（29）：135-136.

② 张浩. 国际工程项目腐败治理研究［J］. 海峡法学，2016，18（1）：68-78.

③ 田海. 中国国有企业海外投资中腐败防控问题研究［J］. 特区经济，2022（9）：43-46.

功，以单位名义贿赂驻在国的业主、评标人、公职人员的行为；也包括在履约过程中，向驻在国政府的稽查人员、审计人员和监理公司行贿的行为。[①] 交易型腐败是最常见的腐败行为，容易给国企，乃至中国政府的国际形象带来负面的影响。

占有型腐败是指国企公职人员利用职务上的便利，贪污、侵吞或者挪用国有资产。常见的表现形式有伪造、编造虚假合同套取公款；暗中侵吞出口退税款；伪造报销票据进行贪污；私分或者挪用工程款；等等。

挥霍型腐败是指国企公职人员假公济私、公款吃喝、公款送礼、公款消费等行为。正常的商务宴请是境外工程不可避免的，然而少数领导以“公事”为由，利用职务便利在小圈子里花天酒地，公款消费，慷国家之慨，为个人拉关系谋福利，请客送礼的费用全部由项目支出。

决策型腐败，主要表现为少数掌握决策权的领导干部在“三重一大”事项决策中，独断专行、不听取法务人员和相关人员的意见，随便拍脑袋，肆意行事，造成严重决策失误。决策型腐败在境外项目中给企业造成的伤害往往是致命的，我国央企在境外重大投资的失败，总能隐隐约约地找到决策型腐败的影子，而这种腐败总是以“商业风险”为挡箭牌蒙混过关。

其他类型的腐败行为还有：

不当代理型腐败，国有企业在境外投资、经营活动中，有时受制于当地法律的要求，部分采购或销售业务需要当地有特定经营权的部门进行代理。在海外投资实践中，部分国有企业工作人员在采购、销售等业务中与当地政府、企业人员相互勾结，虚构当地代理费用和支出，骗取企业资产。事后相关企业人员通过“佣金”“咨询费”

① 张浩. 国际工程项目腐败治理研究［J］. 海峡法学，2016，18（1）：68-78.

“劳务费”等方式获得个人的不当回报。①

利益输送型腐败，国有企业公职人员在境外投资中通过与当地相关主体在经营销售过程中达成利益同盟，违规为这些主体输送利益。作为回报，这些主体给予他们在子女留学、移民、财产方面的不当利益，或者在职务消费中收受礼品、金钱等贿赂物品。利益输送型腐败行为隐蔽性更强，在实践中存在一定的认定难度。②

（二）境外项目腐败产生的原因分析

1. 思想认识的不足

企业对境外投资环境的腐败程度并不敏感，往往会考虑更多的经济和政治因素，而忽视投资国政府的廉洁程度和反腐败法律体系的完善程度。有研究表明，中国企业海外投资行贿意愿较强，腐败已成为中国企业海外扩张的最大障碍。③甚至有人认为境外行贿有助于增强本企业的竞争力，行贿拿到项目也是为了国家利益。当然，如果一国采取严厉的措施打击本国企业在驻在国的行贿行为，而其他国家没有采取相应的措施，显然有损本国企业的竞争力。④

2. 弱化、虚化企业法律顾问制度

境外项目大量存在着法务职能在项目管理流程中缺失的现象。由于法律后果的可预见性，法务人员往往对违法犯罪行为予以拒绝，因此极个别另有所图的领导刻意淡化依法治企理念，在机构配置上不设置或擅自裁撤法务部，视法务人员为“绊脚石”，让法务人员

① 田海. 中国国有企业海外投资中腐败防控问题研究［J］. 特区经济，2022（9）：43-46.

② 田海. 中国国有企业海外投资中腐败防控问题研究［J］. 特区经济，2022（9）：43-46.

③ 吕彬彬. “一带一路”海外投资反腐制度建设［J］. 中共青岛市委党校 青岛行政学院学报，2019（4）：117-122.

④ 张浩. 国际工程项目腐败治理研究［J］. 海峡法学，2016，18（1）：68-78.

“失声”或者调离法务人员。①

3. 境外项目在管理方面基本上采取的是项目经理负责制

由于缺乏监督，逐渐演变为项目经理在所有的决策中“一言九鼎”，班子其他成员随声附和，规章制度被束之高阁，权力在运行过程中因缺乏透明度而失去制衡。了解腐败信息最多和最及时的人员莫过于同级或下级，但项目经理负责制下，只要发现不同的声音或者所谓的“异端”就会清除。甚至有心存不良的腐败分子打着减人增效的旗号，刻意削弱基层纪检人员和法务人员的监督力量，使纪检人员和法务人员边缘化。②

4. 境外项目中，存在监督失灵的问题

对于国外项目的腐败行为，哪些是违纪？哪些是违法？哪些是犯罪？究竟是向纪委举报还是向监察机关举报？向哪一级纪委举报？向哪一级监察机关举报？即使是法律专业人士，也会一头雾水。错综复杂的隶属关系与职能在复杂的国际反腐方面已经显得不能适应实际需要。国有企业内部都设有纪委，然而企业纪委对于企业内部人员的腐败，往往采取的是不愿意“得罪”的态度。国内党的各级纪委监督、新闻媒体的监督、群众的监督基本上不能发挥作用，发生在境外的腐败行为，实际上已经形成“腐败信息孤岛”③。

5. 监管体系不完善

国有企业海外投资的监管是一个系统工程，需要我国有完善的监管立法、有效的监管执法，也需要国有企业内部的监管，三者有机配合、协同作用才能有效防范和应对走出去过程中的腐败问题。但现实当中，这几种监管方式都有缺陷，这是国有企业海外投资易生腐败

① 张浩. 国际工程项目腐败治理研究［J］. 海峡法学，2016，18（1）：68-78.
② 张浩. 国际工程项目腐败治理研究［J］. 海峡法学，2016，18（1）：68-78.
③ 张浩. 国际工程项目腐败治理研究［J］. 海峡法学，2016，18（1）：68-78.

的重要原因。[①]

6. 我国现有立法不符合境外投资的现实需求

目前，中国尚未制定专门针对国际投资腐败问题的立法，主要依靠《中华人民共和国刑法》《中华人民共和国反不正当竞争法》和部分党内法规来规范贿赂和腐败行为。《中华人民共和国反不正当竞争法》处理涉及商业的贿赂行为，《中华人民共和国刑法》同时处理官员贿赂和商业贿赂。此外，为了符合《联合国反腐败公约》的要求，中国修订了《中华人民共和国刑法》，禁止贿赂外国官员。《中华人民共和国刑法修正案（八）》草案的通过，使我国海外反腐败问题有了法律基础，然而，修正案的力度不够大，它只规定海外腐败行为与向非国家工作人员行贿适用相同量刑。目前对国内投资者的海外投资腐败问题并没有明确的规定，也没有具体的实施细则等补充文件。究其原因，主要是立法的滞后。[②]

7. 驻在国反腐败法律的发展变化给中国企业造成的合规风险

由于驻在国对反腐败法律的完善修改，新的投资将受制于新的反腐败法律，但新的法律的实际适用范围和方式并不明确。因此，对于中国企业而言，新的反腐败法律的出台和生效将带来许多不确定性。中国企业对驻在国反腐败法律的变化缺乏足够的认识。[③]

8. 不同国家反腐败法律制度的差异给中国企业带来合规困难

腐败的构成因地区而异，每个国家都有自己独特的制度来规范外国投资，在很多方面存在巨大的差异。“一带一路”沿线国家中既有法治比较发达的国家，也有法治比较落后的国家，有些国家甚至采

① 朱雅妮，许洁. 国有企业海外投资过程中的腐败问题及应对［J］. 时代法学，2016，14（3）：56-58，65.

② 吕彬彬. “一带一路”海外投资反腐制度建设［J］. 中共青岛市委党校 青岛行政学院学报，2019（4）：117-122.

③ 吕彬彬. “一带一路”海外投资反腐制度建设［J］. 中共青岛市委党校 青岛行政学院学报，2019（4）：117-122.

用的是宗教习惯法，这导致了各国法治差异很大。[①]例如在中国、新加坡、越南、马来西亚等国，私人贿赂被明确为刑事犯罪，但在日本、印度、印度尼西亚却不被这么认为。贿赂外国公职人员在我国台湾地区和泰国是刑事犯罪，但在菲律宾却不是。这种差异给企业带来了合规困难，扩大了企业可接受的企业行为与腐败之间的灰色地带。[②]

五、国内现有相关法律法规梳理

我国的海外反腐立法起步较晚，如：2011 年 2 月，全国人大批准了《中华人民共和国刑法》49 个条文的修订，其中一条就是将"给予外国公职人员或国际公共组织官员以财物的"行为入罪。这是首次明文禁止中国公民和中国公司向外国政府官员及国际组织官员行贿。

但是总体而言，我国海外反腐力度还不够大，立法严重滞后，至今很多所谓"经营业绩突出"的海外中资企业，或多或少利用了一些非正常手段获取市场利益。查阅世界银行被限制承接项目的所谓"黑名单"，许多中国公司包括一些有名的央企的名字赫然在列，其中不少是因为行贿而遭到世界银行的调查与制裁。[③]

目前，我国已有的相关法律规则很难满足境外廉洁风险防控的要求。

---

① 吕彬彬．"一带一路"海外投资反腐制度建设［J］．中共青岛市委党校 青岛行政学院学报，2019（4）：117-122.

② 吕彬彬．"一带一路"海外投资反腐制度建设［J］．中共青岛市委党校 青岛行政学院学报，2019（4）：117-122.

③ 赵晨曦，于清．中资企业海外反腐思考［J］．国际工程与劳务，2017（7）：65-66.

（一）缺乏专门性的国有企业境外廉洁风险防控的立法

目前，中国尚未制定专门针对境外廉洁风险防控的立法。《中华人民共和国刑法》《中华人民共和国反不正当竞争法》和部分部门规章都涉及海外腐败行为的规制，如：《中华人民共和国反不正当竞争法》有涉及反商业贿赂行为的条款，《中华人民共和国刑法》有条款涉及反官员贿赂和商业贿赂。为了与《联合国反腐败公约》接轨，履行公约义务，2011 年施行的《中华人民共和国刑法修正案（八）》对刑法第一百六十四条进行了修改，增加了“为谋取不正当商业利益，给予外国公职人员或者国际公共组织官员以财物的，依照前款的规定处罚”。规定“数额较大的，处三年以下有期徒刑或者拘役；数额巨大的，处三年以上十年以下有期徒刑，并处罚金”。《中华人民共和国刑法修正案（八）》使我国海外反腐败有了法律基础，然而，修正案的力度也有限，它只规定海外腐败行为与向非国家工作人员行贿适用相同量刑。①

（二）境外国有资产监管法律体系不完善

近年来，国资委出台了一系列规定，加强对海外国有资产的监管及对海外国有企业子公司的监管。但迄今为止，由于国有海外资产的规模和复杂性，监管的有效性似乎有限。究其原因，主要是立法的滞后。②

---

① 吕彬彬．“一带一路”海外投资反腐制度建设［J］．中共青岛市委党校 青岛行政学院学报，2019（4）：117-122.

② 吕彬彬．“一带一路”海外投资反腐制度建设［J］．中共青岛市委党校 青岛行政学院学报，2019（4）：117-122.

1. 相关法律法规在境外国有资产的监管问题上的针对性和实用性都不强

我国境外国有资产监管主要涉及对外直接投资和国有资产管理两个领域的法律法规。然而，上述两个领域的相关法律法规在境外国有资产的监管问题上的针对性和实用性都不强，并且这两个领域内的相关法规都较为滞后。

有关境外国有资产管理的法规主要包括1992年发布的《境外国有资产产权登记管理暂行办法》、1996年制定的《境外国有资产产权登记管理暂行办法实施细则》、1999年财政部颁布的《境外国有资产管理暂行办法》、2011年国资委审议通过的《中央企业境外国有资产监督管理暂行办法》、2017年国有资产监督管理委员会出台的《中央企业境外投资监督管理办法》，但针对性和有效性同样都不强。

2. 行政监管体制机制存在多头管理的问题

境外资产管理涉及商务部、国家发展改革委、国资委、财政部等多个部门。目前，商务部负责境外机构注册的核准，国家发展改革委负责境外项目投资的审批，国资委负责国有资产的保值增值，财政部负责产权管理。在境外国有资产监督与管理方面存在着比较严重的多头管理现象。各个部门对境外资产的管理工作分散，而核心工作却并无部门监管。多头监管只是问题之一，而问题的核心是没有确定一个部门对境外资产的监管问题统筹全局，国有资产的监管职责缺位，没有落实。[①] 亟须从立法上予以规范与完善。

当然，国内关于国有企业反腐败的法律法规不少，对国有企业境外经营活动也是适用的。但专门针对国有企业境外廉洁风险防控的法律法规并不多。

根据笔者的不完全的初步梳理，目前涉及国有企业境外经营、廉

① 朱雅妮，许洁. 国有企业海外投资过程中的腐败问题及应对［J］. 时代法学，2016，14（3）：56-58，65.

洁风险防控的部门规章大致有如下几种：

2017年1月，国务院国有资产监督管理委员会出台了《中央企业境外投资监督管理办法》。

2017年8月，国家发展改革委、商务部、人民银行、外交部联合制定了《关于进一步引导和规范境外投资方向的指导意见》。

2017年12月，中央纪委驻国资委纪检组印发了《关于加强中央企业境外廉洁风险防控的指导意见》。

2018年12月26日，国家发展改革委、外交部、商务部等七部门联合制定发布了《企业境外经营合规管理指引》。

另外，2022年8月23日，国务院国有资产监督管理委员会公布《中央企业合规管理办法》，自2022年10月1日起施行。其涉及境外的规定为第十八条第二款："中央企业应当针对涉外业务重要领域，根据所在国家（地区）法律法规等，结合实际制定专项合规管理制度。"虽然内容少了点，但是这些对我们进一步推进国有企业反腐败立法，具有夯实立法基础的作用与意义。

六、国有企业因应境外廉洁风险的立法对策

党的十八大以来，国有企业有力促进了中国经济更好融入世界经济发展。国有企业以高质量共建"一带一路"为重点，持续增强全球资源配置能力，截至2022年6月，中央企业拥有境外机构和项目超过8000个，资产总额近8万亿元（人民币）。[①] 而据不完全统计，在"一带一路"建设中，中央企业境外投资额约占我国非金融类对外直接投资总额的60%。

对"一带一路"沿线国家投资增长较快，2021年，我国对外直

① 翁杰明. 中央企业境外机构和项目资产总额近8万亿元［EB/OL］.（2022-06-17）［2023-10-11］. http：//www. chinanews. com. cn/cj/2022/06-17/9782357. shtml.

接投资9366.9亿元（人民币），对外承包工程完成营业额9996.2亿元（人民币），新签合同额16676.8亿元（人民币）。[①]

“一带一路”推进以来，不断扩大合作范围。截至2022年7月底，中国已与149个国家、32个国际组织签署200多份共建“一带一路”合作文件。共建“一带一路”已先后写入联合国、亚太经合组织等多边机制成果文件。中国与“一带一路”沿线国家货物贸易额累计约12万亿美元，对沿线国家非金融类直接投资超过1400亿美元。[②]

2017年5月，习近平主席在首届“一带一路”国际合作高峰论坛上指出：“要加强国际反腐合作，让‘一带一路’成为廉洁之路。”[③]

国有企业境外资产是国有资产的重要组成部分，加强境外廉洁风险防控，直接关系到国有资产的安全和保值增值，直接关系到国家“走出去”战略、“一带一路”建设的顺利实施。加强境外廉洁风险防控立法研究迫在眉睫、刻不容缓。

加强国有企业境外廉洁风险防控工作，推进国有企业境外廉洁风险防控立法，对保障企业境外业务持续健康发展，对“让‘一带一路’成为廉洁之路”意义重大。

（一）推进国有企业境外廉洁风险防控立法的重要性和必要性

1. 促进境外业务健康发展，保障境外国有资产安全的需要

近年来，随着国家“走出去”战略的实施，中央企业“走出去”

---

① 刘萌. 2021年我国对外直接投资9366.9亿元人民币［N］. 证券日报，2022-01-21.

② 王恩博. 中国与“一带一路”沿线国家货物贸易额累计约12万亿美元［EB/OL］.（2022-09-29）［2023-10-11］. https://www.chinanews.com.cn/cj/2022/09-29/9863737.shtml.

③ 习近平：要让“一带一路”成为廉洁之路［EB/OL］.（2017-05-14）［2023-10-11］. http://www.xinhuanet.com/world/2017-05/14/c_129604269.htm?winzoom=1.

步伐明显加大，投资领域、经营区域越来越广，从业人员越来越多，资产占比越来越高。与此同时，境外机构面临的政治、经济、法律、宗教等环境更加复杂，而国内总部对境外机构监督检查的频次较少，广度、深度相对较弱。因此，境外国有资产保值增值任务更重，廉洁风险防控更加紧迫。① 如何加强境外机构廉洁风险防控，防止境外国有资产流失，是"走出去"的国有企业亟待解决的一个重大理论与实践课题。

2. 建设"一带一路"廉洁之路的需要

2013 年，习近平主席提出"一带一路"倡议，得到了沿线国家的积极支持和响应。国有企业坚决落实国家重大战略，积极参与，在"一带一路"沿线推动了许多重大项目落地。这些项目数量众多、资产数额巨大，只有坚决贯彻习近平主席的指示精神，让"一带一路"成为廉洁之路、一个个重大项目成为廉洁工程，才能实现道路畅通、民富业兴的愿景，将文化交融、和而不同的蓝图变为现实。②

3. 维护国有企业国际形象的需要

"走出去"的企业已经成为国际社会认识中国、了解中国的重要窗口。国有企业海外形象不仅对企业自身长远发展具有重要意义，而且会对国家形象和国家利益产生越来越重要的影响。作为国有企业，必须依法经营、规避风险，维护国家整体利益；同时要尊重不同国家和地区的风俗习惯，尽己所能地履行好社会责任，维护好中国制造的良好形象。③

4. 促进驻在国交易公平正义的需要

在"一带一路"倡议下，查办海外企业中的腐败问题，能够减少海外企业通过行贿等方式获取不正当竞争的商业机会，进而有助

① 彭兴第. 国有施工企业境外廉洁风险防控实践与思考［J］. 时代人物，2019（4）：111-112.

② 胡志意. 加强中央企业境外廉洁风险防控研究［J］. 企业文明，2021（5）：6-9.

③ 胡志意. 加强中央企业境外廉洁风险防控研究［J］. 企业文明，2021（5）：6-9.

于维护第三国的市场交易公平，推动构筑公平正义的新型国际关系。

5. 推动中国软实力的输出

国有企业境外反腐是中国展现软实力的重要窗口。在国有企业“走出去”的过程中，境外反腐使中国的文化、制度等软实力也以良好的形象伴随输出，有助于提高中国在国际社会的认可度，进而增强中国在国际舞台的影响力。①

6. 对促进国有企业一体推进不敢腐、不能腐、不想腐具有十分重要的意义

腐败是国有企业发展的毒瘤。2021 年 1 月，十九届中央纪委五次全会提出强化国企廉洁风险防控的要求，为国有企业进一步强化监督监管法治化、推进国有企业境外廉洁风险防控制度建设提供了重要遵循，为国有企业提高一体化推进“三不腐”的水平与能力奠定了制度基础。

（二）国有企业境外廉洁风险防控立法研究

当下，国有企业已进入国际化发展的新时期，据国家发展改革委发布的信息，截至 2022 年 7 月底，中国已经同 149 个国家和 32 个国际组织签署了 200 多份共建“一带一路”合作文件，应对廉洁风险的可能性大大增加。

如前所述，与中国签订“一带一路”合作文件的多为发展中国家与欠发达地区，腐败问题在地区和区域内较为突出，这对国有企业境外的投资、经营活动构成了严重威胁。在这样的环境下，如果国有企业的境外廉洁风险防控能力不强，且对不同文化、不同体制、不同宗教的“一带一路”沿线国家腐败问题识别不清，那么极有可能对

① 廖伟.“一带一路”倡议下海外企业反腐面临的问题及其治理［J］. 探索，2018（4）：157-163.

国有企业的境外投资、经营活动形成冲击，带来不可挽回的经济损失。[①] 但现实是，要在短时间内改变与中国签订“一带一路”合作建设协议的国家的营商环境、减少腐败现象可能性不大，因而，只能从国有企业境外廉洁风险防控立法入手，提升国有企业的廉洁风险防控能力，确保“一带一路”成为廉洁之路。

此外，完善的境外廉洁风险防控制度还可以成为企业应对美、英及国际组织的反腐执法的合理抗辩的依据。

《联合国反腐败公约》《OECD 反腐败公约》《二十国集团反腐败追逃追赃高级原则》《北京反腐败宣言》等公约、国际规范性文件，使得中国国有企业境外廉洁风险防控有了更多国际规则层面的立法依据，中央纪委驻国资委纪检组印发《关于加强中央企业境外廉洁风险防控的指导意见》等是国有企业境外廉洁风险防控立法的国内法依据。

经过长期的国内外追踪研究，我们对国有企业境外廉洁风险防控制度的设计有如下思考：

1. 总则部分

我们认为：国有企业境外廉洁风险防控应当遵循以下指导思想和工作原则：

指导思想：以习近平法治思想为指导，以制约和监督权力运行为核心，以境外廉洁风险防控为抓手，以全面风险管理和内部控制制度为依托，以重点环节、重点岗位风险防控为基础，以加强制度建设为重点，以现代信息技术为支撑，建立和完善权责清晰、流程规范、风险明确、措施有力、制度管用、预警及时的廉洁风险防控机制，提高预防腐败能力，促进企业国际业务实现高质量发展。为维护国有资产安全、做强做优做大中央企业、培育具有全球竞争力的世界一流企业

① 奇飞云. 中资企业参与“一带一路”海外投资的腐败问题研究［D］. 北京：对外经贸大学，2019.

提供有力保障。

工作原则：坚持对腐败的“零容忍、零漏洞”原则；坚持教育、制度、预控、监督并重，增强境外项目廉洁风险防控的针对性和有效性；坚持突出重点，抓好重点领域、重要岗位、重要事项和关键环节的廉洁风险防控，分级分类实施廉洁风险防控措施；坚持整体推进，用系统的思维、统筹的观念、科学的方法推进境外廉洁风险防控。

2. 国有企业境外廉洁风险防控的基本制度

我们认为，应包括以下主要内容：

一是境外廉洁风险防控机构及其职责。国有企业设立专门的境外廉洁风险防控机构。该防控机构与境外项目公司直接隶属于总公司，该防控机构与境外项目公司之间不得有利益关系，人员不能有兼任的情形。该防控机构工作人员需对任职期间境外项目公司发生的腐败行为导致的损失承担相应的连带责任。该防控机构负责企业在驻在国的廉洁风险防控工作，依照本规定和有关法律规定履行监督、调查、处置、教育等职责。

二是境外廉洁风险防控的管辖范围。内容包括境外廉洁风险防控决策程序、决策机构及其职责；境外廉洁风险信息收集、排查、识别与评估；境外廉洁风险的预警与处置；境外廉洁风险教育；境外廉洁风险举报与奖励；境外廉洁风险的动态监管；等等。

三是境外项目廉洁风险负面清单制度。设定禁止类和特别监管类境外项目，实行分类监管。如：列入负面清单禁止类的境外投资项目，企业一律不得投资；列入负面清单特别监管类的境外投资项目，企业应当报送各级国资委履行出资人审核把关义务；负面清单之外的境外投资项目，由企业按照企业发展战略和规划自主决策。负面清单的内容保持相对稳定，并适时动态调整。

四是境外廉洁商业伦理培育制度。明确廉洁从业的规定、规范与禁止性要求，为境外项目、业务和人员廉洁设立了“防火墙”。

五是境外廉洁风险防控信息化管理制度。采用信息化手段实现对境外项目廉洁风险的全覆盖动态监测、分析与管理，对项目面临的廉洁风险实时监控，及时预警，防患于未然。建立境外项目廉洁风险库、境外廉洁信用基础数据库、境外人员廉洁档案，严把国有企业境外项目、业务、人员的廉洁关。

六是违规责任追究制度。企业未履行或未正确履行境外廉洁风险防控职责造成国有资产损失以及其他严重不良后果的，依照法律法规，由有关部门追究企业经营管理人员的责任；涉嫌犯罪的，依法移送司法机关处理。

（三）国有企业境外专项合规制度建设研究

当前，国际投资与贸易规则、国际商业环境都在巨变，国有企业唯有与时俱进，借鉴成功经验，积极推进境外合规风险管理体系建设，才有可能寻求更大的发展，在“一带一路”上走得更远。

1. 国有企业合规制度体系建设的背景

近年来，不乏一些中国企业被列入世界银行的制裁名单[①]，也有一些企业受到了美国 FCPA 的执法惩罚[②]。而且，这类数据还在不断增加。诚如有学者所指出的：近年来，反企业腐败的执法呈现出全球化、多国协作化、罚金高额化、追责严厉化的发展趋势。[③] 不仅传统的合规监管强势的国家，例如美国和欧洲一些西方国家，继续坚持实施有力的合规监管政策，一些新兴国家的合规监管亦日趋严格。

那么，何谓“合规”？何谓“合规风险”？

---

① 据向阳的统计与分析：“截至 2020 年 6 月底，世界银行制裁黑名单上已有 255 家中国企业。企业被世界银行制裁后，除了不能再承接世界银行的项目，还有可能引起其他多边金融机构的联合制裁，甚至导致丧失整个海外市场。”向阳. 加强央企境外合规风险管理［J］. 施工企业管理，2021（11）：81-83.

② 宋伟，周磊. 反海外腐败的法律与制度：国际比较与中国方案［J］. 行政管理改革，2020（1）：76-84.

③ 唐姚. 增强企业境外反腐意识 树立企业良好国际形象［N］. 福建法治报，2018-08-13.

2018年12月，中国国家发展改革委员会等七部委联合发布的《企业境外经营合规管理指引》中，将合规的定义确定为："指企业及其员工的经营管理行为符合有关法律法规、国际条约、监管规定、行业准则、商业惯例、道德规范和企业依法制定的章程及规章制度等要求。"将合规风险定义为："指企业或其员工因违规行为遭受法律制裁、监管处罚、重大财产损失或声誉损失以及其他负面影响的可能性。"在如此背景下，如果缺乏完善的合规制度，我国企业在境外将难以生存发展。因而，国有企业境外经营必须遵守相关国际规则，必须提高境外经营的合规水平。一方面要构建一套适用于自身发展的境外合规管理体系，不断增强合规意识；另一方面要因地制宜修订制度体系，深入分析投资国或地区的法律环境，避免出现违规问题。

目前，合规创造价值已成为全球企业发展的共识。我国也越来越重视企业的合规制度建设。

建立健全国有企业合规制度体系已迫在眉睫。

2. 我国企业合规制度的历史演变

相较于境外的情况，我国企业的合规制度建设起步较晚，合规管理也发轫于金融行业。近几年，随着越来越多的中国企业不断走出国门，加强和深化与"一带一路"签约国家的合作，为适应境外反腐败与合规的形势，2017年5月，中央全面深化改革领导小组第三十五次会议提出规范企业海外经营行为，加强企业海外经营行为合规制度建设。我国的企业合规制度建设进入快车道。

目前，我国已有的关于企业合规的法规主要有：

2006年10月，银监会制定《商业银行合规风险管理指引》，率先使用了合规、合规风险等概念，"本指引所称合规，是指使商业银行的经营活动与法律、规则和准则相一致"，"本指引所称合规风险，是指商业银行因没有遵循法律、规则和准则可能遭受法律制裁、监管处罚、重大财务损失和声誉损失的风险"，并规定了商业银行系统的合规政策与要求。

2014年，国资委印发《关于推动落实中央企业法制工作新五年规划有关事项的通知》，将“大力加强企业合规管理体系建设”作为重点任务之一。

2015年，国资委出台的《关于全面推进法治央企建设的意见》提出，加快提升合规管理能力，建立由总法律顾问领导，法律事务机构作为牵头部门，相关部门共同参与、齐抓共管的合规管理工作体系。

2016年，保监会颁布《保险公司合规管理办法》，明确规定合规管理部门及人员要求，加强合规审核及外部监督。

2017年，证监会颁布《证券公司和证券投资基金管理公司合规管理办法》，提出合规通用原则。

2017年12月，国家质量监督检验检疫总局和国家标准化管理委员会发布了《合规管理体系指南》（GB/T 35770—2017/ISO 19600：2014），是对国际标准组织在2014年发布的ISO 19600：2014《合规管理体系指南》的翻译和等同采用，旨在提供一个普适性的合规管理体系参考框架，并没有对特定主体的倾向性和针对性。

2018年7月，国资委发布《中央企业违规经营投资责任追究实施办法（试行）》，对违规经营投资的责任追究与认定提出了明确的规定。

2018年11月，国资委印发了《中央企业合规管理指引（试行）》，对于中央企业的合规管理体系建设提出了要求和建议。尤其值得注意的是，该文件包括了反垄断、出口管制、反商业贿赂等一系列重点领域合规指南。

2018年12月，国家发展改革委员会等七部委联合发布实施了《企业境外经营合规管理指引》，针对的内容是企业境外经营，适用的范围不局限于中央企业，而是所有中国企业。

2022年10月，《中央企业合规管理办法》正式实施。其涉及境外的规定为第十八条第二款：“中央企业应当针对涉外业务重要领域，根据所在国家（地区）法律法规等，结合实际制定专项合规管理制度。”这为央企探索专项合规体系建设提供了制度保障。

国有企业合规管理进入法治化时代，境外合规风险防控制度建设越发受到重视。

3. 国有企业境外专项合规管理体系建设

当下，不论国内还是国外，廉洁、合规都已成为世界范围内对企业的基本要求，国际机构以及国家、行业组织等各个层面的监管力度都将日趋加大，企业依法合规经营已经成为当今企业治理的国际趋势。

国有企业也应当积极顺应国际趋势，充分认识建立合规制度、强化合规监管的重要性，努力建设和实施符合国际标准的境外专项合规管理体系。

关于国有企业境外专项合规管理体系，我们认为，应包括如下内容：

一是境外专项合规管理机构与职责。按照法人治理结构，明确董事会、经理层、首席合规官等主体的合规管理职责；明确上述人员对任期内发生的境外腐败行为负有终身责任，承担连带赔偿责任。

二是境外专项合规管理制度体系。结合实际，制定合规管理基本制度、具体制度或专项指南，如，在反垄断、反商业贿赂、生态环保、安全生产、劳动用工、税务管理、数据保护等领域制定合规管理制度。又如，境外项目招投标管理制度、境外项目履约管理制度，以及针对项目分包商、供应商、咨询顾问等项目相关方的管理制度。[①]

三是境外专项合规管理程序。包含合规风险识别、评估、预警、合规审查、风险应对、责任追究等，实现合规风险闭环管理。

四是境外专项合规文化培育制度。包含合规专题学习、业务培训、宣传教育制度等，增强全员合规意识，营造合规文化氛围；使合

① 向阳. 加强央企境外合规风险管理［J］. 施工企业管理，2021（11）：81-83.

规文化成为企业文化的重要组成部分，使合规成为中央企业全体员工的人生观、价值观，从而自觉地把合规经营理念贯穿到日常行为之中。

五是境外专项合规管理信息制度。推动企业运用信息化手段将合规要求嵌入业务流程，利用大数据等技术对重点领域开展实时动态监测，及时对潜在的合规风险进行研判，做好重大风险预警与处置。

六是境外专项合规审查制度。审查的内容包括被审查单位的人员、财务及项目情况，合规制度建设执行情况，被审查单位的合规人员配置情况，合规咨询记录情况，以及违规情况的发生与处理、违规情况的整改进度，等等。

4. 应对美国、国际金融机构等的海外反腐败执法的策略研究

增加境外项目尽职调查制度。如：美国 FCPA 存在“承继者责任”，即如果被收购方在并购前有违反 FCPA 或其他相关法律的行为，相应的法律责任将由收购方继受承担，因此要做好并购/投资前的尽职调查，分析判断是否存在潜在的法律风险。

增加合同保护条款，国有企业应在开展境外投资活动的相关投资交易文件中加入反腐败与合规条款。其中，应要求交易对象作出合规陈述与保证，赋予中国企业对合作方进行审计的权利；应添加若对方违反相关条款应对中国企业承担赔偿责任的条款。

做好企业境外合规制度建设的资料保存与归档工作。根据《反海外腐败法实施指南》的内容，美国在查处违反 FCPA 的行为时会考虑企业是否建立了良好的内部合规程序，从而决定是否减轻甚至免除企业责任而仅追究直接违法个人。企业应设计并提供具有针对性的培训内容，加强合规培训，不定期更新培训内容。[①]

① 刘翔峰，苑生龙．“一带一路”建设中的廉洁问题［J］．东亚评论，2019（1）：163-186.

引入道德合规体系。道德合规体系是国有企业强化反海外腐败风险的重要途径。一旦遭遇美国 FCPA 调查，规范严谨的道德合规体系是企业免于或减轻处罚的最后“屏障”。面对 FCPA 调查的不断深入，Technip、Saipem 等公司鉴于伯尼岛 LNG 项目的巨大损失，在总部层面建立了道德合规委员会，任命了专职确保道德合规体系有效运行的集团合规官，在此基础上建立了杜绝腐败行为的行为指南。中国企业有必要结合国际同行，特别是受到过 FCPA 调查和处罚企业的经验，加快引入道德合规体系。①

投标及投标相关行为是国际监管机构，特别是多边开发银行的关注重点。除了不得进行串标、围标等行为之外，中国企业还应当特别注意保证投标文件的真实、准确及完整。据不完全统计，一些中国企业喜欢将关联公司或者子公司业绩作为公司业绩进行申报投标，这可能招致多边开发银行的处罚。此外，如果在投标过程中聘用了当地代理，也应当对该事实进行完整披露。

我们相信，有了健全的境外合规制度体系之后，中国企业将在“一带一路”建设中更加行稳致远，中国倡导的“一带一路”也将成为推动国际合作的廉洁之路。

① 李明双. 国际工程承包企业海外反腐败风险管控［J］. 国际经济合作，2014（2）：73-76.

结　语[1]

一、从国际组织到发达国家加强国有企业反腐败立法是常态

加强国有企业反腐败立法一直是世界各国普遍关注和坚持探索的重要课题。据不完全统计，全世界有近百个国家都是通过立法，尤其是议会立法，来推进其对国有企业的监管及反腐败工作的。可以这样说，加强国有企业监管及反腐败立法是国际惯例，也是国际常态。

暂不提单个国家，仅国际组织在国有企业海外反腐败方面的立法就比较丰富，既有《联合国反腐败公约》《美洲反腐败公约》《OECD 反腐败公约》等涉及国有企业海外反腐败内容的国际反腐败条约，又包括《国际刑事法院反腐败规则》《世界经济论坛伙伴反腐败倡议-反贿赂原则》《世界银行诚信合规标准》等国际反腐败规范性文件。

地区性组织关于国有企业反腐败制度与国际性组织的制度较为相似，如《亚太经合组织反腐败行为守则》《亚太经合组织反商业贿赂原则》《经合组织反腐败行为守则》《组合组织反商业贿赂原则》和《OECD 公司内部控制、道德和遵循良好守则指引》等。

回到国家层面上来，发达国家在国有企业反腐败立法方面可以

---

① 结语的部分内容已在 2018 年 9 月《检察日报》上以《从国际组织到发达国家加强国企反腐立法是常态》《构建完善的法律体系 推进国企监管和反腐法治化》为题发表。特此说明。

说一直是走在世界前列。这其中既有针对国有企业经营中的海外反腐败立法，也有针对国有企业监管的立法。前者以英国的《反贿赂法案》最为典型，后者则属美国的监管立法最为丰富。

2011 年 4 月，英国《反贿赂法案》正式生效。该法案被称为“世界上最严厉的反贿赂法律”，具有四个显著特点：一是贿赂定义宽泛。该法案规定了四种犯罪情形，即给予、承诺或主动提出贿赂；请求、同意接受或接受贿赂；贿赂发达国家公职人员；商业组织未能阻止贿赂（商业组织防止贿赂失职罪）。二是管辖范围广。该法案适用于部分业务位于英国的所有公司，无论主营业务在英国还是在境外。三是惩罚措施严厉。个人最高可以判处十年监禁，个人和公司的罚金数额都不设上限。四是禁止支付“加速费”或“疏通费”。不同于其他反海外贿赂法律，该法案不存在“加速费”免责条款。为提高执法效率，英国还颁布了配套的《反贿赂法案指引》。

美国国有企业监管立法模式属于分权模式，其主要特点有三个：一是国有资产的设立和管理必须有专门的立法。国有资产立法的各种议案只有得到国会的审议通过才能付诸实施。二是企业的领导人包括管理人员由政府直接任命。三是政府对国有资产经营进行严格的审计控制。这种监管方式使国有企业一定程度上成为政府的附属，但不管是政府的哪个企业主管部门都不直接干预企业的经营。企业的经营完全按市场化规则运行，政府对国有资产的监管只是为了配合宏观调控和克服市场失灵。

除美国外，瑞典和新加坡也采用分权模式。而日本和韩国等亚洲国家则采取集权管理模式，其特征是通过市场配置资源，政府以强有力的计划和产业政策对资源配置进行引导，以达到短期和长期经济发展目标。政府对企业的管理体制基本上是政企合一、管理高度集权，发展规划都置于政府的严格控制下。许多欧洲国家，如法国、德国、奥地利和意大利，对国有企业采取分权与集权相结合的监管模式。一方面使企业享有充分的自主权，另一方面政府通过适当的手段对企业进行宏观调控，使企业的生产经营活动符合国家经济发展的短期和长期目标。

总体来看，上述各国在国有企业监管方面，尽管采取了各不相同的立法与措施，但共同点也是明显的。

一是强调立法先行。通过立法，建立起比较完备的国有企业监管法律体系，从国有资产监管机构和运营机构的设立，到其职责、权力的确定和行使；从国有资产的投资、管理，到资产的处置以及法律责任的追究，都有明确的法律规定。

二是注重财务预算审计。企业虽然在经营上享有自主权，但皆须遵循审计要求和绩效评估，甚至向国会报告。

三是强调信息公开、运作透明。企业有法律义务披露其执行业务和使用资金的情况。美国、英国等国政府要求，国有企业都要建立公开透明的财务报告制度，企业的财务报告都要通过网站等渠道定期向社会公开，接受全社会的监督。

四是规范法人治理和问责机制。政府发起部门必须在人事选任和日常运作方面负起监督责任。

五是通过立法限制国有企业为特殊利益集团服务，以及与私企展开不正当竞争，与民争利，否则，不仅议会、民众不答应，而且随时有可能被其他企业告上法庭。需强调的是，不论在哪个国家，国有企业的法人治理结构、财务约束和信息披露都是国有企业监管立法的核心内容，进而通过建立绩效评鉴机制、健全内外部监督机制，来强化运营责任，追求成本效益最大化。

二、推进国有企业反腐败立法刻不容缓

自国有企业改革以来，党和国家陆续出台了数量不少的有关国有企业反腐败和国有企业监管方面的政策、办法，以及法律法规，积

极探索国有企业反腐败及监督管理的有效法律途径。例如在国有企业反腐败政策、办法和法律法规方面，既包括《关于在深化国有企业改革中坚持党的领导加强党的建设的若干意见》《国有企业领导人员廉洁从业若干规定》等党内法规，也包括国家法律《中华人民共和国企业国有资产法》，还有《关于共同做好国有企业中贪污贿赂犯罪预防工作的通知》《中央企业贯彻落实〈国有企业领导人员廉洁从业若干规定〉实施办法》等部委规章、国资委文件。

国有企业监管方面的法规政策同样丰富，例如《国务院办公厅关于加强和改进企业国有资产监督防止国有资产流失的意见》《国务院关于加强国有资产管理工作的通知》《国有资产评估管理办法》《国有企业财产监督管理条例》《企业国有资产产权登记管理办法》《企业国有资产监督管理暂行条例》等等，不胜枚举。同时，各地也先后出台了不少地方法规。

客观地说，我国有关国有企业反腐败的立法数量并不算少，内容也很丰富广泛，但为何仍不能有效遏制国有企业腐败滋生？笔者认为，究其原因是现有的制度设计没有考虑国有企业内部的反腐败体制机制创新问题。上述规范性文件在国有企业监管中起了很大作用，但毕竟大多是专属某一个领域，层次低，约束力不强；有的具有起步性、过渡性的特点；中央和地方的许多法规、政策之间缺乏协调。

随着国有企业改革和国有资产监管体制改革的深化，这些法律法规之间必须协调一致，且要形成一个完善的法律体系。笔者认为，在国有企业改革与反腐败工作中，必须立法先行。故此，提出如下建议：

关于立法理念。鉴于我国立法传统和现实国情，国有企业监管立法及反腐败立法应遵循如下理念：一是坚持党对立法的领导，把发挥党的领导的政治优势与建立现代企业制度结合起来，使国有企业改革走向成功。二是国有企业监管立法及反腐败立法要与整个国有财产、国有企业立法衔接与配合，将国有企业监管立法及反腐败立法置于整个国有财产、国有企业立法中通盘考虑。三是国有企业监管立法及反腐败立法要与配套立法相结合。四是国有企业监管立法及反腐败立法要体现避免或减少国有财产流失，实现国有财产保值增值的目标。

关于立法内容。基于上述立法理念，立法的内容应包含：制定国有企业反腐败法，将国有企业反腐败工作法治化，突出预防功能，规范国有企业预防腐败的各种政策、措施，设计保证国有企业公务活动廉洁的条款，致力于消除国有企业腐败产生的条件、根源。制定国有企业监管法，规定监管范围、目标、基本原则、监管主体及其监管权力配置和职责，以及监管主体与其他相关机构之间的关系和职责配合协调等，同时明确监管内容、监管程序、监管法律责任及其救济等。

与此同时，还应加强相关立法。一是建议采取“一行（业）一法”的立法模式，由全国人大对央企单独立法，有立法权的地方人大对本区域的国有企业单独立法等。二是建议制定各类配套的法规、规章和规范性文件等，不断完善国有企业监管及反腐败法律体系。

作为国有企业反腐败和监管方面的重要法律，还应注意与其他法的关系。既要协调好与民法、公司法、中外合资经营企业法、中外合作经营企业法、外资企业法等国有资产一般法（这些法主要涉及企业的行为及公司治理结构的构造等，与监管立法起着相辅相成的作用）的关系，又要协调好“作为国有资产管理根本大法的国有资产法、国有资产产权基础管理法则、国有资产运行专项配套法规、国有资产管理和经营的法规、国有资产管理和经营的行政规章”等国有资产特别法的关系。这些法对国有企业反腐败及监管立法起着互为补充的作用，可以进一步丰富与完善国资、国企监管及反腐败法规体系，为国有企业监管及反腐败法治化提供制度保障。

后　记

本书是在我主持的2013年国家社科基金重大项目“推进反腐败国家立法与党内法规、制度建设研究”的部分结题成果、2017年“十三五”国家重点图书出版规划项目“中国反腐败国家立法研究丛书”的部分结题成果、2018年湖南省社科基金智库重大项目“中国反腐败立法研究”的部分结题成果的基础上，按照2022年国家出版基金项目“中国反腐败国家立法研究丛书”的撰写要求，参考了大量中英文研究文献，修改、增写而成。

对本书的思考始于2013年。其时，我作为国家社科基金重大项目的首席专家，正承担着“推进反腐败国家立法与党内法规、制度建设研究”课题。在我的研究规划中，“国有企业反腐败立法研究”是我必须攻克的难关之一。国有企业反腐败迫切需要专门的立法来支撑与保障。但国有企业内部的复杂性，值得研究的东西太多了。于是我便一头扎进去开始系统研究。为了获取第一手资料，2017年，我得到了时任中共湖南省纪委常委刘文杰同志和湖南省纪委第三纪检监察室主任张锋，副主任秦明兰、张朝等的大力支持。我们一起到湖南省各大型国有企业进行座谈、问卷调查，文杰常委还专门组织部分省属国有企业的纪委书记组成专班，与我一道研究湖南省国有企业反腐败制度建设问题，合作撰写了一部内部交流书稿，并举办了一次大型研讨会，取得了丰硕的成果。该项成果对我撰写本书启发良多。

我在指导研究生的学业时，也有意识地引导部分博士生和硕士生选取国有企业反腐败法律制度作为毕业学位论文的题目。先后指导了一篇博士学位论文《中央企业公司治理法治化研究》（刘小春，湖南大学，2018），四篇硕士学位论文《美国反国有企业腐败的法律制度研究》（李恒，湖南大学，2018）、《日本反特殊法人腐败法律制度研究》（吴美，湖南大学，2018）、《国际组织反企业腐败法律制度研究》（吴青青，湖南大学，2018）、《反中资企业海外腐败立法问题研究》（魏伏薇，湖南大学，2020）。多年来，我阅读了 200 多万字的英文文献，丰富了我的研究认知，使我对国有企业反腐败立法有了更为全面的思考与设计。

2019 年，我从湖南大学调入广西大学后，继续潜心、深度思考国有企业反腐败立法问题。

我虽然在书中竭尽全力想把所有他人的学术成果一一标注上，不掠人之美，但难免有遗漏。肯望大家的学术批评、指正。

感谢所有给予我关心、支持、帮助的领导、同人和朋友们。

感谢家人长期以来对我的理解、包容和支持。正是这些理解、包容与支持，使我在学术的道路上勇往直前。

是为记。

聂资鲁

2023 年 7 月

于广西大学法学院